大夏书系·教育思想录

中国著名特级教师
教学思想录
[一]

朱永新 主编

朱寅年 副主编

新教育研究院 编著

华东师范大学出版社

图书在版编目（CIP）数据

中国著名特级教师教学思想录 .1 / 朱永新主编 .—上海：华东师范大学出版社，2016.3
（大夏书系·教育思想录）
ISBN 978-7-5675-4883-1

Ⅰ.①中... Ⅱ.①朱... Ⅲ.①教育学—文集 Ⅳ.① G40-53

中国版本图书馆 CIP 数据核字（2016）第 048663 号

大夏书系·教育思想录

中国著名特级教师教学思想录（一）

主　　编	朱永新
副 主 编	朱寅年
编　　著	新教育研究院
策划编辑	李永梅
审读编辑	张思扬
装帧设计	奇文云海·设计顾问

出版发行	华东师范大学出版社
社　　址	上海市中山北路 3663 号　邮编　200062
网　　址	www.ecnupress.com.cn
电　　话	021-60821666　行政传真　021-62572105
客服电话	021-62865537
邮购电话	021-62869887　地址　上海市中山北路 3663 号华东师范大学校内先锋路口
网　　店	http://hdsdcbs.tmall.com

印 刷 者	北京季蜂印刷有限公司
开　　本	700×1000　16 开
插　　页	1
印　　张	15.5
字　　数	219 千字
版　　次	2016 年 7 月第一版
印　　次	2024 年 5 月第十六次
印　　数	49 101-50 100
书　　号	ISBN 978-7-5675-4883-1/G·9216
定　　价	39.80 元

出 版 人	王　焰

（如发现本版图书有印订质量问题，请寄回本社市场部调换或电话 021-62865537 联系）

目 录

序 让思想的光芒照亮教育的路程　　朱永新 /1

我和"我即语文"　　陈日亮 /5

审美·人生·教育　　陈铁梅 /23

我的"语文自留地"　　程红兵 /41

教育，从"心"改变　　戴曙光 /55

我的小学语文主题教学实践研究　　窦桂梅 /71

和学生一起分享语文的幸福　　高万祥 /87

我这样让学生迷上作文　　管建刚 /103

带着思想行走在教学与研究的路上　　胡兴松／119

融错课堂　求真育人　　华应龙／135

我和我的语文本色教学　　黄厚江／155

我的语文教学理念和实践　　黄玉峰／171

追寻常态教学的精彩　　刘可钦／193

关注学生经验以促进学生发展　　马俊华／207

追寻理想的教学法　　邱学华／223

序　让思想的光芒照亮教育的路程

我一直认为,教育是一个技术活,但更是一个思想活。成功的教育,优秀的教育人,无论他是一位教师、班主任、校长,还是局长,支撑他站立在教育大地上的力量,一定是思想。没有思想的教育,一定是站不住、走不远的。

多年前,我曾写过这样一段小诗:

> 教育需要思想的光芒
>
> 走出经验的泥沼,迎接理性的朝阳
>
> 再不能用一张教育的旧船票不断重复昨天的故事
>
> 也不能把一张教育的旧兰谱不停地老调重唱

技术和思想,是"毛"与"皮"的关系。思想皮之不存,技术毛将焉附?基于这样的认识,2000年,我在主编《新世纪教育文库》时,特地亲自主编了《中国著名特级教师教学思想录》《中国著名班主任德育思想录》和《中国著名校长办学思想录》三本小书,并为每本书撰写序言,向读者推介这些从教育一线中生长出来的教育思想。其中,除了《中国著名特级教师教学思想录》是根据柳斌先生主编、江苏教育出版社的同名系列图书选编的外,其他两本是我自己开出名单、亲自邀请作者撰写的。

十多年来,这三本书一直深受欢迎,多次重印。这些特级教师、优秀班主任和校长的教育思想，影响着许多年轻教师、班主任和校长的成长，甚至被很多教育工作者称为自己的案头必备。

江山代有才人出。十多年过去了，又一批年轻的特级教师、班主任和校长成长起来了；又有许多新的故事、新的思想。于是，我想到了修订这套书，并且邀请了时任新教育研究院新阅读研究所副所长的朱寅年兄协助我完成这个项目。

我一直认为，如果说特级教师影响的是一个课堂，班主任影响的是一间教室，校长影响的是一所学校的话，那么局长影响的是一个区域。教育局长的思想与境界，同时也会直接影响到校长、班主任和教师。因此，我决定增加一本《中国著名教育局长管理思想录》。

感谢寅年兄和《中小学管理》杂志的主编曾国华先生，他们两位拿着我的邀请信一个个联系，一次次催促，前后一年多的时间，终告完成。特别是寅年兄，在新阅读研究所工作任务繁重的情况下，克服许多困难完成了这项任务。

需要说明的是，不唯资历，不唯名气，重视思想，重视实力，是我们选择、邀请作者的标准；但是，有许多人符合条件，却或因没有时间，或因无法联系，或因自己放弃而没有来稿，故这套书仍然存在不少遗憾。我希望这套书是一个开放的系统，条件成熟时可以不断增补，让它成为记录这个时代教育风云人物思想的史册，成为照亮教育路程的一盏明灯。

同样需要说明的是，收录于这套书中的每位教师、班主任、校长和局长都有自己的过人之处，都有自己的"功夫"秘籍，我们在编排时没有厚此薄彼，完全是根据作者的姓氏音序而安排的。

一本真正的好书，是作者、编者、出版社和读者共同完成的。所以，我要特别感谢江苏教育出版社和华东师范大学出版社。感谢江苏教育出版社为这套书最初的出版付出了辛勤的劳动，感谢华东师范大学出版社在新版编辑出版过程中卓有成效的工作。感谢朱寅年先生和曾国华先生在新版组稿联系过程中具体而微的努力。感谢亲爱的读者朋友们，无论你是老师、校长、局长，还是教育行业以外的朋友，但愿这套书能够给你启迪，让这些扎根于中国大地的教育思想能够照亮我们教育的路程。

朱永新

2015 年 12 月 20 日写于北京滴石斋

陈日亮

福州第一中学语文特级教师。1960年毕业于福建师范学院中文系。曾被评为"全国优秀教师""福建省杰出人民教师"。现任全国中学语文教学专业委员会学术顾问,福建省中小学名师培养工程专家委员会指导专家。享受国务院政府特殊津贴。入选教育部《基础教育课程》发起的新中国成立60周年"寻找新中国课堂教学的开拓者",被全国中语会授予"终身成就奖"。连续当选第六、七、八、九届全国人大代表。

我和"我即语文"

——我的语文教学思想形成过程概述

一、思想于困惑

多年前,一位记者写了一篇某地为某语文特级教师举办教育思想研讨会的报道,送审时主编竟皱起眉头,大惑不解:"什么?教育思想?一个教师怎么会有什么思想?!"记者唯唯,只好把内容改为了某教师的教学经验介绍。这不禁让我想起《阿Q正传》里的一幕:赵太爷跳过去,给了阿Q一个嘴巴:"你怎么会姓赵!——你那里配姓赵!"

鲁迅远矣。但一个教师是不是配有他的教育思想,还是值得一说的。在我看来,思想应该是谁都会有的,思想无罪。教育思想,无非也就是对教育的看法、想法和主张。但是想法和主张,的确也有所有权的问题,有"自看法、自主张",也有"被看法、被主张"。在教育思想"大一统"的时代,想拥有属于自己的教育看法、主张、思想,是很难的。然而,走出"大一统"时代,是不是就一定不困难呢?

1960年我从福建师范学院中文系毕业,被分配到一所管理严格、师资雄厚、学生优异的省重点中学——福州第一中学。都说是学然后知不足,教然后知困，在最初的五六年里，虽然工资微薄，我却有了数百册藏书，确是越学越不知足；但说到教书，可并没有越教越知困的感觉。语文不就是把一篇篇课文讲解明白吗？有一本"教参"在手，照着时代背景、中心思想、段落大意、人物性格、写作特点等等去讲授，多教几遍，则轻车熟路，何难之有？我"教然后"的自我感觉，不是"知困"，而恰是"知足"。

"文革"十年，我身陷"牛棚"，又被流放山区，等于被逐出教师队伍。藏书全毁于兵火，仅有一套《鲁迅全集》陪伴度过荒寒岁月。我做了两千多条鲁迅语录，给了自己抵抗绝望的勇气，也滋养了文心，修炼了语感。"文革"结束，重上讲台，目睹学生语文的百孔千疮，正想着有什么办法在短时间内给学生补缺疗伤，听到了一个震撼语文界的"吕叔湘之问"："十年的时间，二千七百多课时，用来学本国语文，却是大多数不过关，岂非咄咄怪事！"这一"天问"使我惊觉：语文的"关"到底是什么？我不是很知足吗？那么，我的学生都已经过了关，不在吕先生所说的"大多数"里面？是这样吗？我不能回答。

如今回想，一个教师如果真要有什么思想的话，可能就必须从一个根本的疑问开始。思想始于困惑。为什么语文学得好的学生，都无不异口同声说是"得益于课外"？课内对于课外，难道就不产生什么作用吗？其他学科的"关"总是很清楚，一个个知识点经过教、学、练、考，最后考好了，也就过关了。语文如果也有关，拿什么标准判定关过了没有呢？比如，卷面平均分普遍都在70 分左右，是不是就算过关了？

上世纪 80 年代，全国性的中小学教学改革蓬勃兴起。"加强基础，培养能力，发展智力"，这是国家教育在"拨乱反正"形势下统一发出的口号。我想，语文的"基础"如果就是重拾字词句篇、语逻修文的那些知识，给学生补苴罅漏，那么吕先生说的二千七百多课时，不是都在教这些所谓的基础知识吗？为什么还不过关？中小学所有学科与学生智力发展的关系都很密切，可数理化好的学生语文成绩却未必一定好；语文能力也不是一朝一夕、一节两节课就能培养起来的。大凡语文成绩好的，正如吕先生所说，都是"得益于课外看书"，养成了读书兴趣和自主学习的习惯。那么，兴趣主导下的主动与自觉，是否应该看作是优于一切语文知识的"语文基础"呢？

1980年暑期，福建省语文界老前辈程力夫和虞韶年两位先生，带我出席了全国中语会在北戴河举办的座谈会。这是改革开放后语文界精英的第一次"思想聚会"。作为一个弟子后学，我因此有机会较早认识了于漪、钱梦龙、章熊、欧阳代娜等一批语文教学改革的先行者和开拓者。他们思想开放，踔厉风行，近距离听他们发言，思路顿时开阔。避暑胜地终日凉爽宜人，可我却因纷乱的思考而无法放松身心。在一篇叙述教改起步的文章里我写道："当宵半的海风，把轻柔的涛声送到枕边，我还能听见自己兴奋搏动的心音。"

是的，大凡任何一种思想的萌发，既需要内在的追问，也需要外来的触发。1980年北戴河之夏，第一次为我开启了语文教学思考之门，是我思想"自我孵化"的初始。

这一年秋季，校长把我安排在初一任教，交给我的任务很明确：若要点燃学生的学习热情，得先把他们的学习兴趣培养起来。这很符合我的看法，兴趣的确是最好的老师。为了汲取思想营养，我开始通读叶圣陶、吕叔湘、张志公的语文教学论著，还阅读了苏霍姆林斯基等国外一些教育家的著作。特别感到亲切而深受教益的，是叶圣陶先生1963年视察福州时，写给我们学校的一幅题词："何以为教，贵穷本然，化为践履，左右逢源。""本然"原是写作"本原"，即原理、规律的意思。1986年我在北京出席全国人大会议期间拜访了叶老，他嘱我把"本原"改为"本然"。本然，就是本来的样子。语文它究竟是什么？学校里为什么要有语文这门课程？叶老早就解释明白，作为未来公民的准备，"学生须能读书，须能作文，故特设语文课以训练之"。语文课程对学生精神的培育自然应有更多的承担，可是如果不具备读写听说的技能，则如何承担？如果把什么都加之语文，使其不能承受之重，又怎么承担得了？"本然"较之"本原"更贴近语文的实际，尤其当我们改革的步子迈得太大，走得太远时，能提醒我们注意回归，回到语文的本来的起点和归宿。

正是有了以上简单朴素的认识，我后来形成语文教学的"本然观"才有了坚实的基础。

二、回归本然之一：得法养习，历练自学

1980年秋季，我带领三位年轻教师，开始进行三年一轮的初中语文的教改试验，目标只有四句话："培养兴趣，注重规范，讲求方法，训练习惯"。除了粗定几个简单的项目，并没有什么周密的改革方案，也就是所谓"摸着石头过河"。但我心里明白，这是一次需要全身心投入的对语文和语文教学的真体验，而非走过场。

为保证目标的落实，我设计了"预读""议读""范读"三种课型，名为"语文自学规程训练"。语文和其他课程最大的不同，也是最明显的优势，是可以无师自通。历来靠自学成功成才者，唯语文最多。"所贵乎教者，自力之锻炼。"（叶圣陶语）为了使自发成为自觉，自通变得更通，"教"是不可少的。培养自学意识，激发自学兴趣，提供自学条件，指导自学方法，检查自学效果，都是需要教师"教"的内容。因此通常我又把四句话缩微成八个字：得法养习，历练自学。历练主要靠习得，但也需要有大体的安排。叶老晚年曾不无慨言道："语文课到底包含哪些具体的内容；要训练学生的到底有哪些项目，这些项目的先后次序该怎么样，反复和交叉又该怎么样；学生每个学期必须达到什么程度，毕业的时候必须掌握什么样的本领；诸如此类，现在都还不明确，因而对教学的要求也不明确，任教的教师只能各自以意为之。"百年语文，为克服这个"以意为之"的散漫无序，几代人的辛苦努力都近乎白费。我当时想，语文的"序"该不会是坦荡如砥，笔直如矢，而应该是一种螺旋式的不断反复而渐进：一是学习兴趣逐步提升；二是学习方法逐步掌握；三是学习习惯逐步熟练；四是学习意识逐步增强。我想通过"预读—议读—

范读"三课型来试试。

三样课型,是三种规范的流程,是保证语文教学有效性的三种基本教学模式。"预读"是把预习从课外搬到课堂上来,强调"教"之前就要养成自求索解、自致其知的读书习惯。给出的规范就有诵读(注音·辨字·疏句),会意(释词·析句·统篇),问疑(发现·表述·试解)三大项。训练最集中的一项是"问疑",注重培养学生从课文中有所发现,有所问疑,养成从已知中发现未知的阅读习惯。我通常不像其他教师那样,上课就直接板书课文题目,而是用某课的训练主项为正题,副题才写出某课文。如"匠心的发现——预读叶圣陶《多收了三五斗》",当年我指导的一位青年教师,就详细记录了课上学生各种提问40多个,原始记录至今我还珍藏着。外来听课的老师,常为课上学生善于提出问题而感到惊讶,经我介绍,方知是采用课型集中训练的结果。他们还从我的教案里发现:每篇课文的"教学目标"都必列有一项学习方法的要求。贯穿整个教学过程的以得法养习为内容,以训练"怎么学"为途径,既是我教学的主导思想,也是我教学行为的主线。

有了充分预读作基础,接下来的课堂讨论,读读议议,师生彼此问难,交流探讨,就不是一件困难的事了。我的"议读"不是茶馆式的七嘴八舌,和"预读"一样,"议"不但要紧扣课文的"读",而且要有讨论的主题。诸如"触事兴感,借题发挥——议读《论雷峰塔的倒掉》""从整体到局部——议读《我的叔叔于勒》""着重揣摩词句之间的关系去领会文义——议读《游褒禅山记》"等,都有"议"的明确指向。读完议完,还必须来个"梳辫子",有必要让所读"就范",使课堂个性化的学习行为,上升到有规律的同知共识,这就是我称为"范读"的课型。课上我做,学生也做。例如有一种"以言传言"的整理听课笔记,根据小说的时、地、人、事诸要素,用自己的话介绍内容大意,写《〈我的叔叔于勒〉的小说情节概述》;学过鲁迅的散文诗《雪》,写《〈雪〉的寓意》等。这样的预读、议读和范读,同我今天看到的大多数语文课,是大异其趣的。它绝不是随意性和碎片化的你说我说,问问答答,而是每一课都有明确的教的主题和学的活动，每完成一项活动，都有积以跬步的回顾小结，使课堂教学能够达到我所期盼的"活而不乱，严而不死"。

"规范"与"程序"是我的改革试验所遵从的重要原则。也许正因为如此看重范式和秩序，1996年应邀出席在香港举办的"第三届中文科课程教材教法国际研讨会"时，主办方竟不用我的论文题目"历练自学：高效能之本"打出广告，而是直书我的"三课型"。在我看来，语文教学之所以高耗低效，少慢差费，原因有三：只有教师的教，看不到学生的学，有教无学；只有学生课堂上的"被学习"，没有在课外的自主练习，有学无习；课文一课一课地教，教的内容无关联，篇与篇、课与课的衔接几乎毫无道理，有课无程。像这样无学无习无程的课，还能叫"课程"吗？"课型"的试验，可否为"课程"提供一些设想？

当年我从钱梦龙老师的"三主四式"中获益最多，彼此可谓桴鼓相应。我们不约而同都主张语文阅读需要走一个"无疑—有疑—无疑"的过程，故须特别注重培养学生质疑、问难和求索解的读书习惯，以强化他们自主学习的意识。例如学生在自学恩格斯的《在马克思墓前的讲话》时，发现叙述中称谓时有变换，第一段竟不直称"马克思"，只说"伟大的思想家"和"他"，第二段则改说"这个人""这位巨人"，似乎意味深长。评课者认为这"连教师也会想不到的"发现，非训练有素是做不到的。中国人民大学中文系副教授姚丹，回忆当年经过"三课型"训练后的收获，这样写道："这种预读课的训练，使我此后面对陌生文本时，既有应对的勇气，也有发现问题的一套'路数'，这确是终身受益的。"她还用她初一时发在《作文通讯》上的一篇作文《畸形儿》作说明，这篇作文写的是发生在她读小学时的真人真事，一个机灵活泼、聪明自尊的学生，少先队大队长，因数学课上教师对他"屡次当众批评和羞辱"，终于畸变成一个自暴自弃的"无赖泼皮"。作者向这种不恰当的教育方式质疑："是谁，是什么，使他变得如此冷漠？""难道教育者就没有责任吗？"平时阅读养成的独立思考的习惯，让她领悟到了作文也是"可以用来发问和解疑的"。

以读促写,由写悟读,从阅读架设桥梁到写作,拓展学生间接的生活经验,发展他们联想和想象的能力,使读与写产生循环互动,是我读写指导的基本原则。为此我还专门设计了一种叫"语文之窗"的课,每两周上一节,让学生各自将课外的所读所感所学,拿到课上来师生一起交流,这是学生最喜欢上的课。一个学生写道:"真想再上一次'语文之窗'课。……透过这个窗口,我从怯怯窥探而终于流连忘返了!"一次,有个叫洪军的初一学生,在介绍他读鲁迅的《故乡》,讲到中年闰土叫"我"一声"老爷"时,禁不住哭出声来。叶圣陶先生说"作者胸有境,入境始与亲"。一次次从学生身上感受到这种贴心入境的情感体验,自然成了我主张文本解读须"以心契心"的心理依据。

初中三年,我还安排了以"打假写真"为主线的三级作文训练:"写真实→写具体→写新颖"。真实为文,是作文基础之基础,我管它叫"作文启蒙",既是践履"修辞立其诚",也是旨在改变学生害怕作文的心理,养成自由书写、自我发表的兴趣和习惯。为此必须先解决"为什么写"和"写什么",才有兴趣把它写好。记得教过《从百草园到三味书屋》后让学生自由写"我的乐园"。一个叫许亮亮的学生,是数学尖子,但是怕写作文。一天他母亲路过我门口,抓住我诉道:"陈老师呀,亮亮这几天很苦恼,一篇作文老是憋不出来。"我便问他平时喜欢去什么地方,或者有过什么好玩的经历没有。了解到他回到家里,做完作业,就只坐在桌子前,拉开抽屉,尽是摆弄像闹钟呀玩具呀等等小东西,拆拆装装,没完没了,我明白了。第二天把亮亮叫来,便告诉他我已帮他找到"乐园"了,是其他同学绝对没到过的一个有趣的地方。他惊异地张大眼睛,但似乎很快也就领悟了。于是我鼓励他把他那只有一尺见方的"抽屉乐园"写出来。他很快写了,虽然不免平铺直叙,但我给了85分,并在班上高调推介:谁写过这样的独家题材啊!这篇作文在全班引起极大反响,学生因此发现在自己身上和身边周围,可写的东西并不是没有，而是长期被高、大、空的作文指导给遮蔽了。许亮亮则从此一发不可收，越写越爱写，一篇批评城管粗暴执法的《老鼠"怕猫"》，不久就在《中学生优秀作文》上发表了，他甚至还准备以"同桌的他"为题材写他的长篇系列。

到了高中，我仍不常取命题方式，继续鼓励自由写作，取名为"日札"，每周一作。"日札优于作文"，这是黎锦熙先生当年的主张。学生每周写一篇自己愿意写的思想、生活、读书的随笔札记，长短不拘，但必言之有物；写法各随其宜，但求文能称意。在学生为自己作文编辑而成的《日札集锦》写序的时候，就有用"这是我们自己的"来作题目，认为变"要我写"为"我要写"，是一种作文的超越。他们有的写道："作文不再是对着命题搜肠刮肚冥思苦想"，"它使'做生活的有心人'不再是一句空话"。有的总结说："由于这是自家的东西，于是特别珍重，一定要讲得清楚，讲得吸引人，就会去注意选材、剪裁，讲究说理、议论或抒情的语文组织，这不是既锻炼了思想又锻炼了语文表达能力了吗？"还有的颇为自豪，说是"在这里你看不到假、大、空的东西，也找不到'两片相同的叶子'"。的确如此，我并没有给予太多关于"怎么写"的条条框框，但学生写出的作文大都文从字顺，顺理成章。一个学生说得好："它没有规矩，却也自成方圆"。这可是将"写什么"和"怎么写"、"言之有物"和"言之有序"的内在联系，只用一句话就给道破了。

1983年我担任了行政领导，又当选全国人大代表，精力不允许再回到初中搞第二轮试研，我必须跟上高中任教。由于大多数学生，曾参与过三年教改，已有较好的自学习惯，我便不再以"自学规程"而是以"语文自学辅导教学"为主线，基本教学方式是布置学生完成自学作业，教师组织课堂讨论与讲评，并且更加注重课外的阅读拓展。这一届学生后来无论在高考还是在毕业后的学习工作中，都感觉六年的改革让他们受益匪浅。

钱理群先生说，识其语文教学，先要识其语文经验。我的经验主要来自两个方面：自他，是从学生方面体察，贴紧看他们究竟是怎么学的；自我，是"反求诸身",是在自己身上省察:我是怎么学过来的。数学教师布置学生作业,自己须先演算一遍;理化教师指导实验,自己必先演示一场。语文教师似乎很少从自己身上"反求",多半习惯于借用别人现成的一套——书本和教参,缺少以个人亲体真悟来现身说法,难免空洞贫乏,苍白无力。对这样的"教师不在场"的教学,我总是保持着高度警惕,哪怕是教过多次的熟文,也仍要反复熟读,甚至能够或片段或全文背诵下来,然后逐句逐段看有什么需要揣摩问疑的,或勾画批点,或试作解答。作文则常率先"下水",以亲知甘苦,审度得失。要求答题,也是先给出作答的示例。指导编手抄报,自己得先编一份张贴出来,取名《第一枝》。"文革"中被流放山区,天寒地冻,烤着小火炉读《鲁迅全集》,边读边摘,我做了两千多条语录,编成个小册子叫《鲁挹》,指导学生做读书笔记时常拿它作例子,省却口说大道理。至今我仍在坚持做读书摘记,积累新词新语,十余万言的读书零札《救忘录》已经付梓。"纸上得来终觉浅,绝知此事要躬行。"不躺在别人的纸上,不只停留在咀上,多年自探身践的结果,对于什么是语文和语文教学,我形成了几个基本观点——

第一,语文是心智的学科,行为的学科,身教的学科:学习语文须入心,须践行,教师须以身垂范。

第二,文心语用,并蒂相连,互动共生;文从心出,心在文中,循文会心。在学习语言运用技能的同时,还要让学生凭借语言通灵、感悟、移情、益趣。

第三,语文能够自学,可以无师自通。培养自学意识,激发自学兴趣,提供自学条件,指导自学方法,检查自学效果,务使自学从自发成为自觉。

第四,得法养习,历练自学;得法于课内,收益于课外:语文教的不是学科知识,不是课文思想内容,而是养成自学的方法和习惯。不能期望专致力于课本,毕其功于课堂。以"学得"促进"习得",方是收益。

1987年,我评上特级教师,同年获得全国中小幼教学改革"金钥匙"奖。

获此奖项的三名中学语文教师中就有钱梦龙老师。钱老师的改革成果已经十分成熟，名满天下；而我只是送了一篇《一个以掌握方法、培养习惯为主线的教改尝试》的简单报告，不料竟被选中，我很怀疑我这"金钥匙"的含金量。此后的大约十年时间，我一边观察思考着语文教改遭遇的低迷与困局，一边开始着手整理自己的经验积累。1996年，在《课程·教材·教法》杂志发表了《得法养习　历练通文》一文，后被收入顾黄初先生主编的《二十世纪后期中国语文教育论集》，有些同行称它是我践行叶圣陶语文教学思想的一篇"行动纲领"。

三、回归本然之二：侧重言语形式的教学

　　上个世纪90年代，热火朝天的改革开放有所收敛，所有摸着石头过河的，都更深地进入复杂的深水区，语文教改也不例外。原因既有应试教育的强大冲击，同时也有教改自身的原因，那就是在具体教学方式方法上注意创新的多，而从课程目标上认清和解决"教什么"这一根本问题，一直没有得到深入探讨，语文教学仍然陷于效益低下的困局。

　　世纪末的一场"大批判"，开启了语文课程改革的序幕。但随着课改的全面铺开，大浪向前，浮沤也接着泛起。由于卸下行政工作，也不再上课，我就用更多时间来观察这场改革，对语文课堂作了深细的剖析与评判，竟发现无论是常态课还是观摩课，不少现象是过去从没有出现过的，很多基本常识似乎还需要再从头说起。高校和学术界的一批有心人士介入课改，带来了不少新理念，但他们的目标似乎太过远大，并不完全了解基础教育的实际，对80年代教改的积极成果缺乏研究，误将语文教学的积弊归咎于语文的工具性。改革催生的"语文课程标准"架构宏伟，却对"训练"二字讳莫如深，因为训练乃是工具的本性。结果出现在语文课堂上的，多是朱自清先生所说的"浮光掠影的思想"，是漠视语文训练的泛人文和伪人文的表演。早在世纪末"大批判"声势正

猛，语文界噤言工具性之时，我就向1999年中语会的天津年会送了一篇——据说也是唯一的一篇——论文：《不要动摇语文的工具性》，喊出了我的不调和音。我是怎么理解"语文工具性"的呢？"一则表明其功能效用，示其重要性；二则强调其操作应用，示其实践性；三则提醒其所用在人，示其主动性。总体来说，语文用于思维用于交际用于承载，所以重要；必须在思维交际承载的一切活动中去学习掌握，故应多实践常历练；而几乎无时无处不在的语文，又须臾离不开'人'这一主体，所以语文课程的教与学都要密切联系思想，贴近生活，浸润情感，陶范行为。"据此，还必须廓清一个错误的概念，即语文并不是人文和工具的统一，而是人文和技能的统一。在语文教学中，技能训练和人文教育是"连根并蒂，一荣俱荣，一损俱损"。如果从根本上否认"工具"是语文的本然本性，我们就免不了还要走一次回头路，"文道之争"又将历史重演。果然，由于割断历史和"言必称希腊"，新一代的语文教师多不知道十几二十年前改革的先行者们的筚路蓝缕之功，更不了解现代语文教育所反复经历的折腾，他们不但不能顺利传承前辈的经验，就是在课改名目下的所谓"创新"，诸如"多元解读""对话互动""自主合作探究"等等，也带有不少盲动和误识；而课改专家们好心开出种种方药，急于为语文疗疾，却并不对症。应试教育热焰方炽，语文教学效率之低，依然触目惊心，我自感有迫切不能已于言者，遂于2005年作一万五千言的《语文教臆（下）》，阐述了自己对新世纪这场改革的深忧与思考。

2005年我正式退休，仍延聘在校学术委员会工作，并且有较多机会外出听课。身不在此山中，可以更清楚地看出教学的种种真相，求实去蔽，探究问题的根源与改革的途径。从大量的课堂观察中，我发现语文教学效益低下的深层原因，是背离了"学习语文文字运用"的课程性质目标；盲目存在的集团性的偏重文本思想内容的解读，取代了文本的言语形式的教学。解决"教什么"已变得十分尖锐而紧迫！

必须将两种不同性质的文本阅读加以区别。一种是面向一般读者，以吸收信息为目的的文本阅读；一种是指导学生学会阅读的语文文本阅读。我于是提出一个新的概念，叫"语文教学文本解读"。叶圣陶先生早就指出国文教学"必须侧重形式的讨究"。这个基本观念不要说深入人心，就是知道的教师也不多，遂决心结合听课研课，亲自"下水"试做，写了30篇"教学文本解读"的个案，这便是2011年问世的《如是我读》。例如：鲁迅《记念刘和珍君》侧重的是语脉起伏与行文节奏的诵读，《祝福》的12处关键语句的点批，曹操《短歌行》、李清照《声声慢》是揣摩字词的内在呼应，苏轼《赤壁赋》与《定风波》一是双重结构的解读，一是探寻曲笔写直的奥妙，朱自清《春》的原生态朗读处理，汪曾祺《端午的鸭蛋》的淡而有味的语言品析等等，都特别集中探讨了如何从言语形式入手，达到文本解读的形式与内容的统一。我所追求的是一种过程的、方法的、统一的、不抽出的读法与教法，以个案来解释与回答何谓"学习语言文字运用"。钱理群教授为我的解读写了长篇评述，认为"此书不但提供了教学文本解读的范例，具有很大的可操作性，而且面对当下语文教学实际，总结历史经验教训，提出了语文阅读教育学的一个基本概念和一个重要原则，具有很高的理论与实践价值"。但我深知，自己还只是侧重在"因言悟道"的"因言"上下了功夫，至于再走个来回进而"因道学文"，探究学习语言文字运用的技巧、规律，显然还要继续付出努力。

两年前福州一中的青年教师陈海滨，参加全省高中语文课堂教学大赛，执教林庚的《说"木叶"》。几乎所有参考资料和教学案例，都将本课的教学重点侧重在了解作者所介绍的"木叶"现象，而这一点作者已经论述得再明白透彻不过，还有必要再去解读吗？我建议他转移重点，去集中探究之所以"再明白透彻不过"的言语奥秘，亦即文章介绍诗歌语言艺术创造的方法步骤和行文特点，引导学生读懂作者是怎样借助丰富的经典例句，步骤清晰，环环相扣，透彻阐明"木叶"现象的思路与方法，从而寻绎出"诗歌语言的暗示性"创作规律。陈老师对此深有领悟，整节课他就紧紧抓住《说"木叶"》的"说"，采取剥茧抽丝的方式，集中针对作者怎么"说"来引导学生解读探究，面目清朗，逻辑明晰,"言语形式感"极强。评课与观课的教师都觉得耳目一新,终以高分获得一等奖。

不仅是阅读教学,作文也一样,究竟是着力在审题立意上求正求深求新,还是在立意正确的前提下,更注重遣词造句、谋篇布局等表达形式方面的指导和训练,我认为也都突出反映了当前语文教学的主要矛盾,其孰是孰非,关乎语文课程全局,不可不察,不可不辨。所以无论是平时指导年轻教师,还是应邀到各地讲课,与同行切磋交流,我总是反复宣讲我的"形式主义"——语文是教形式的,也是教内容的,但归根结底是教形式的;离开了咬文嚼字和雕章琢句,抛弃了语言形式,语文无家可归,名存实亡!

四、化为践履:"我即语文"

我经常想,一个语文教师教了一辈子书,他是否真知道什么是语文?然而要真知道什么是语文,必先能体验自己身上的语文,弄明白自己眼里、口中、笔下的语文究竟是怎么回事。王尚文先生说得好:"语文教师所能教的唯有自己。"教师也是教材。我常谆告年轻教师,语文是"身教重于言传的学科","要相信身教的力量,以本色教人"。每一次讲座结束前,我都要引用鲁迅的一句话——"从喷泉里出来的都是水,从血管里出来的都是血",用以说明语文教师的知识管道中如果不贮满"语文的水",精神体内不充盈"语文的血",他的思想和语言就不免干涸,迟早会使自己陷入生存困境。我所理解的语文工具性,并不是纯粹的工具理性,而是人的行为实践的本然本性。在语文教师身上,语文就是一种生命本能的鲜活体现,一种示人以自我本色的实践品格,我因此把它凝炼为一句话——"我即语文"。

"我即语文"作为我的语文教育的核心理念,其内涵大体可以这样表述:

第一,语文是人的生命行为,是人的生存方式。语文与人一生健全发展的关系至为密切。

第二，语文无处不在，与人须臾不离。语文不是认知的对象。语文既是客体，更是本体。既要在书本上、从生活中学语文，更要在自己身上学语文。

第三，文从心出，心在文中，循文会心，文心交融。

第四，语文教师既要用语文育人，更要以语文修身。"我即语文"应当成为语文教师职业的自我期许和终生追求。

2007年，福建省语文学会和福建省特级教师协会与福州一中联合举办了我的语文教育思想研讨会，我把自己半生学语文、教语文、用语文的各种形式的书写，汇编成《我即语文》一书，同与会者探讨交流，目的是希望人们能够把我作为个案来研究，包括进行质疑和批判。虽然会议收到的数十篇论文，几乎一律都是点赞，孙绍振教授在我书序里说"我感到他多年的实践正在形成一种相当有深度的理论"，我还是不认为"理论"有存在于教师言论的可能性，但我主张教师大可拥有自家的教学言论话语，优秀的教师更要有建构个人思想库、话语集的职业自觉，应该经常为体验和体现而书写，养成随时用文字为思考留痕的好习惯。不书写，教师的思想失之无形，以至于无从区分虚实，判别真假。

思考与书写贯穿我教育生命的全过程。1989年，《语文学习》曾以"著名语文教师研究追踪"向我征答，我就说自己在做的是"积累每一堂课的经验碎屑，日久天长，铸我'金钥匙'"。我从来重视通过零星的书写捕捉"思想的鳞爪"，后来大部分收录在《我即语文》一书的"断想"里。资深编辑成知辛先生说我的这些教育、教学的论文话语"带有独特鲜明的个人感性印痕，或者说个人主体体验的考量和判断"。我是认可的。下面略举数例，以见一斑。

关于教材与教法：

不是"教"为"材"而施，而是"材"为"教"而用。这是我较早关于"教教材"与"用教材教"的辩证思考。

以心契心，以文解文，以言传言。曾被人简称为"三以"的文本解读法。浙江师大的王尚文先生说："陈日亮老师说'我的教法不过就是我的读法'，这十二个字，最契我心。它从一个侧面朴素简洁地揭示了教与学之间关系的真谛。"

真实，扎实，朴实。这是我所追求和倡导的语文教风。

省约，集约，简约。这是我主张和评价语文课堂教学效能的指标之一。

语文观课评教的六个关注点：

1. 是否正确教出"文本所传达的信息"——作者究竟想要告诉读者的是什么；

2. 是否准确教出"文本所传达信息的信息"——作者的"言语智慧"；

3. 是否教给了学生需知而未知的内容，是否让学生明白从已知发现未知的方法和途径，从而获得新知；

4. 是否通过教师的示范与启发，引领学生积极参与，点燃自主学习探究的热情；

5. 是否集中或围绕一两个主要教学点，安排有序的教学流程，体现严谨的课堂结构；

6. 教师语言是否恰当、简洁、自然，具有逻辑性、节奏感、亲切味。

关于语文课程改革：

语文课程改革势在必行；但必须防止悬之太高，操之过急，统得很死。

课程内容的虚无，训练项目的空置，评价体系的缺失，是课改面临的三大攻坚课题。

语改不能搞"大跃进"，搞"群众运动"，不要出现"语文泡沫"。

语文教学改革的复杂性：

1. 特别要受意识形态的主导和干预，容易导致知性教学，尤其是政治、人文的说教和渲染；（篡位）

2. 教材是文选型的，教学容易侧重课文所承载的内容，而忽略更为重要

的——如何承载内容的言语形式；（错位）

3.教学效益更多依赖教师的语文综合素养和个人语文习惯。（不到位）

国家有"三农"问题，语文教学改革则有"三普"问题：要适合普通学校，适应普通教师，能够提高普遍成绩。

关于语文教师：

语文教师专业成长：在质疑"他者"中形成己见；在反思"自我"中修正认识；在融合"新知"中完善主张；在书写"经验"中凝炼思想。

语文教师的四种修能：读书，阅世，说文，弄笔。

文本解读必须克服三种心态："懒"，"粗心"，"自满"。

课堂提问"五忌"："忌浅"，"忌露"，"忌奥"，"忌晦"，"忌碎"。

讲解课文"五不"：不离书，不空浮，不繁复，不含糊，不旁逸斜出。

这些看法未必一定正确，我更看重的是能否坚持书写以探究本然、体现本色，认真实践自己"以言传言"的主张。虽不能至、心向往之的自我追求，也是我教育思想的重要组成部分。

* * *

越半个世纪的语文教育实践，我一路走来，实在讲不出什么生动的故事，也没有什么独特的风景，所聊以自慰的，是看看脚下，自觉路子还是走得正的，履迹虽浅，却真实而分明。我的认识与理解，恰是对应着学生、教材、教师这三大教育角色，无非是想搞明白三点：为什么教、教什么和怎么教。为培养学生的自学能力习惯而教；教的是言语形式即学会语言文字的运用；通过教师的身教示范，发挥最优的教学效果。很简单也很实在。至于我与其他教师有什么不同，也只是在这三个方面，始于困惑，继以追问，通过体验而体认，再借助书写给予体现，守正求实，锲而不舍，尽力把要做的事想通、做好罢了。

鲁迅说过，我们每个人都是进化链中的"中间物"，既非开始，也非终结。作为一个改革的"过来人"和"中间物"，在当下语文课改步履杂沓、众声喧哗的行进中，我仍愿意随行且抱持"我即语文"的梦想，将这一生的自我期许与追求践行到底！

陈铁梅

江苏省海门市东洲国际学校副校长、美术教师,"审美人生教育"倡导者。江苏省特级教师,教授级中学高级教师,南通市中青年名师工作室领衔人。江苏省教学成果一等奖、四次全国美术评优课一等奖获得者。坚信美术教学能给学生的将来带来超越学科知识与技术的审美人生;坚信每个学生都有美术潜能,并努力使之成为"儿童时代不能错过了的东西";坚信美术教师是学生人生的导师而不仅仅是技术的传播者。著有《美术教育的真谛:审美人生教育让生命绚丽成长》《让孩子喜爱美术的理由》两本专著。近五年来在《人民教育》等发表论文30多篇。

审美·人生·教育

我一直在想,通过美术教育,能给孩子的将来留下些什么?

至少能让孩子将来的生活充满情趣:在不紧不慢的时候不发电子邮件,而是能像俞平伯、沈从文一样,拿起苏东坡、白居易都用过的宣纸,写一封真正意义上的信给朋友,最好用毛笔书写,或者用当下已不再多见的钢笔也行。不仅能写,还能画,信的前后、中间,随手画一幅小小的墨梅,或者淡淡的松枝,就替代了人的名,一封信,就是一幅有心性的书画作品,让人读了文字还读画,读了情谊还读心境。能够挑选适合自己个性和角色的服饰,让自己优雅而别致;能够懂得选择风格一致而又节约为重的家具,让自己有着低碳而温馨的起居空间;能在品味美食的时候更注重品味就餐的环境;能时时刻刻将目光留驻在乡村田野,在享受美景的同时,内心平和、安宁……生活是人生的中心,学会审美就是学会生活。

至少能让孩子将来在艺术面前表现出由衷的神往和尊重:文物面前,在懂得如何欣赏的同时自觉地保护人类文明的结晶;能够自觉自愿、随时随处地走进美术馆或者博物馆去感受灿烂文化的精髓;能主动投入到民间艺术传承与创新中……让生活中的一切都指向人性,都温润、纯粹,引人向上、向善!

多么希望美术能够成为孩子长大以后不可缺少的知己好友，当语言不足以表达情感的时候，能调用美术经验，将快乐、忧愁和渴望都表达出来，让美术表达成为他生活中不离不弃的重要组成部分，就像罗恩菲德所说的："让艺术成为个人需要的自我表现。"

这是我理解并追求的美术教育：审美人生教育。它旨在帮助孩子通过美术学习，获得知识技能，感悟生活，提升素养，拓宽胸襟，涵养人格，升华人生境界，成长为人格健全、生命充实的人。

上篇　教孩子能"带得走"的美术

"学校不要给学生背不动的书包，而要给他们'带得走'的教育。"这应当是每一位美术教育者深铭于心的教育信条：美术，不仅仅是孩子当下学习的一项内容，更是他今后人生的必备素养；美术教学，不仅仅传递给孩子美术知识和技能，更是送给他未来生活快乐幸福最有价值的营养基和最为美妙的礼物。

（一）把眼睛唤醒

"生活中不是缺少美，而是缺少发现美的眼睛。"罗丹告诫人们，永远要带着审美的眼睛和态度看待世界万物。

一天清晨，俄罗斯巡回画派画家列维坦到森林里写生。当他走到一座山崖边时，忽然看到对面被初升的太阳照耀出他从未见过的美景，顿时泪如雨下。列维坦之所以被感动得如此之深，是因为他与这美景相遇时，调用了全部的审美认知系统——知觉、感受、理解、想象等，并将它们综合进对审美对象的再度认识中。这种将审美认知系统进行组合再认识的能力，就是审美敏悟力。它与人的情感丰富度成正比，情感越丰沛的人，审美敏悟力越强，反之越弱。美术教学，就是在调用一切手段，激活孩子们情感的、审美的、道德的、兴趣的等诸多心理因素,帮助他们体验美带来的独特感受,培养"一双能感受形式美的眼睛"(马克思语),提升审美敏悟力。

每一年春暖花开时,我的美术课大多在室外进行,与孩子们一起徜徉在大自然,去嗅大地的气息,去找春天的影子,去寻暖人的色彩。跟我相处已久的孩子们早就盼着春天的到来。然而天公不作美,连着几周阴雨漫天,孩子们郁闷得"要憋出病了",全然没有任何心境去体会我常与他们分享的"雨中景、月中诗"的浪漫与唯美了。终于,"好日子要来了!"有孩子迫不及待地跑来告诉我天气预报的查询情况,看着脸上已经开出花来的孩子,我脱口就说:"那我们的美术课就上摄影吧。"在我还没有来得及去思考一些教学细节,比如孩子拥有学习工具——相机的概率,以怎样的方式告知家长这一课程需要他们的支持,如何通过小组合作学习既能使课程顺利实施,又不会伤害家庭经济条件相对弱一些的孩子的自尊心等问题时,就听到隔壁教室一片欢腾。孩子对美的渴望,就是教学的触发点和立足点。于是,摄影课如期进行……

然而,我还是高估了孩子们的自律能力,面对春风拂面、鸟语花香,去花圃的采风环节成了孩子们的狂欢,他们嬉戏打闹着,全然忘了来到这里的目的,数码相机随意一举也仅仅是为了彼此间的嬉闹。这既在意料之中又在意料之外的反应,敦促我立刻去找那能牵引孩子们审美情感的精灵。果然,它就在那里。但这只能由孩子们去"发现",因为我不能从"已知概念"出发,跟孩子们进行一场"求证式"的欣赏,而应该让孩子们从"未知概念"出发,进行一场"发现式"的探索之旅——带着一种初次见面的新鲜感,去研究、发现他们未知或者已知却熟视无睹的的世界。这无疑是符合儿童认知规律、站在儿童立场的教育方式,也是孩子认识世界的方式。

我努力挤过嬉闹的孩子们,拉住颇具号召力的班长佳宇,用眼神提醒他精灵的位置,佳宇心领神会,"嘘!"他故作纤细的声音和夸张掩嘴的动作,立刻使所有人片刻间寂静无声。正确的教育是引导孩子们相互提醒,很多时候它的力量要比教师强大得多。

一只蝴蝶停在了花上，它一定是维纳斯派来的天使，白与鹅黄两种高纯度、高明度的色彩构成了莹透的美，蝴蝶、花瓣和水珠也在动静之间相得益彰。"哇，真美哦！"孩子们惊呼，但刻意压低了音量。孩子们自觉地接受着美的召唤，沉醉其中，他们蹑手蹑脚地靠近，或站着，或蹲着，或趴着，或歪着脑袋，或蜷着身体，捕捉令人心颤的一刻。此时，可以相信一个事实：孩子们的审美敏悟力已然被唤醒，自觉地将先前在教室里摹习的摄影家王小慧的花卉摄影作品中的那些奇特构图和唯美色彩，化为震动内心的晓悟。"你站在桥上看风景，看风景的人在楼上看你。"用卞之琳的诗句来描述我那刻的感动一点也不为过：感动于孩子们的感动，欣赏着孩子们的欣赏。

数码相机的优势之一，就是能随时赏析追美的痕迹。回到教室里的孩子们迫不及待链接到投影设备上欣赏了起来。"真是美得让人无法呼吸！"孩子们感叹的不仅仅是那时那刻，更是对生活中无时不在、无处不在的美的理解与认识。谁能否认这些审美活动对孩子们的未来生活产生的积极影响呢？——沉浸在美的世界中，一切浮躁都销声匿迹。

在将生活提升为艺术的过程中，孩子们把眼睛唤醒——唤醒着对美的感受，唤醒着心中那美好的种子，形成螺旋上升的经验结构和足够丰富的审美敏悟力。

朝阳懒懒地将光芒斜照在海面上，大海露出了一阵阵红晕，像一个羞怯的女孩儿，太阳努力想跳出海面，但被那浓浓的雾拖累着，就这样，一切都变得朦胧而又雅致。海边的建筑已经全部在大海中留下了美丽、虚幻的倒影，宁静、甜美……风，似乎从画面上迎面吹来，大海的味道越来越浓烈了。(0921班张超《大海的味道——读〈日出·印象〉》)

孩子们从自身生活经历出发，结合文化素养和审美观念，对审美客体初识了解，然后通过感知、想象、情感、思维等心理活动，进行再创造，使之成为深入内心的审美意象，再唤醒美感，从而达到感性与理性的高度统一。

事实上，无论是对自然景物的欣赏，还是对艺术作品的鉴赏，都是从量的积累到质的飞跃的攀升过程。这不仅是数量的增加，更包括由此带来的心路历程的质变。只有不断地直抵内心的思索，才会使审美敏悟力有质的飞跃，才会实现从"入画"到"出画"的完美历程，才会将理性的智的欣赏和感性的情的欣赏融为一体，建立略显独特的、个性化的欣赏标准，而这将决定孩子对整个美的态度！不，也许是决定了他对一般事物的态度和经验——最广义的经验，那就是以审美的眼光看待世界，欣赏生活。美，是世界观的一部分。

（二）想象比知识更重要

"想象力比知识更重要。"爱因斯坦具有前瞻性的话语提醒着人们：知识可以后天习得，但是想象力一旦消失，就很难再找回。

孩子们是成长着的自由生命体，天马行空的想象、自由快意的表达是他们的天性。美术教学，是以理性思维为主导的课程包围圈中留存着的屈指可数的感性"圣地"，它守护着甚至更多的是鼓励着孩子们不断地对这个世界质问、探索和创新。美术教学的任务从本质上讲，就是培养创造能力，它的核心工作是引导孩子们创造审美意象。

我的主题赏析课程跨过了中西文化比较、乡情、跨学科和中外历史名人名作，在上学期走向了3D世界。整整一个学期的美术课——《3D绘画的前世今生》《让手"3D"起来》《电脑游戏主角的3D世界》等，孩子们就未曾停歇过尖叫。"哪节课不让我热血沸腾？""超爱这样的课。"确实，无论是"3D绘画"，还是"电脑游戏"，都是时代前行、科技发展留给孩子们的美丽"倩影"，我们无法回避，更不能逃避它们带给孩子们的巨大冲击，而应将之作为教育教学良机，将孩子们带进科学与艺术相融合的神奇世界中。

孩子们神情和语言夸张，但异常激动的心情丝毫不夸张："在我的3D地下大超市，'愤怒的小鸟'从货物架上蹦了出来。""我的'超级玛丽'只是一不小心敲碎了我家的地板，从楼下的玩具室里溜出来了。""我，地下异灵国国王，将从地下楼梯走上来访问东洲国际。"孩子们的奇思妙想,是源于生活的启示和情感的独特体验,这既是孩子们学习的兴奋点,也是人类最宝贵的财富——创造力的激发点。

小凯:从地面往地下看,那效果肯定与众不同,可我画不出来,问题在哪儿?

师:能把你的画拿出来供大家研究一下吗?

海伦:将小凯的画放在范画的旁边比较一下,也许更容易发现问题。

师:那行,小组研究一下。我建议大家画个草图以帮助理解。

创意灵感飘忽不定,稍加怠慢便可能消失得无影无踪,所以在教学中我常鼓励孩子们用手绘草图记录创意灵感,也以此为思维基点,引发大脑风暴。

一凡拿着草图覆在窗玻璃上,边指边说:"老师,我们认为问题就在这儿。我们画了两张草图,一张临摹范画的,一张临摹小凯的,两张叠在一起就可发现:小凯画(从地面到地下)的电梯的四根棱角线是相互平行的,地下宫殿的柱子、墙角线也是相互平行的;而范画中大楼的棱角线、周边建筑的棱角线,相互之间的距离都越往地下越狭小。"

孩子们被一凡带入了一种对图形的深刻理解和不断完善的沉思之中。弗洛伊德说:"冷静思考的能力,是一切智慧的开端。"手绘草图在冷静思考中淬炼出思想的火花:"哦,我知道了,这'越往地下越狭小',最后会小成一个点,也就是聚焦到了一个点上,在这儿,离地面很远的这儿。"

师:对极了,还记得我们曾经学过的"成角透视"吗?

书一:记得,就是把立方体画到画面上,立方体中往纵深平行的直线产生了两个消失点,一左一右,都叫作余点。

雅哲:我懂了,我们以前学的成角透视是站在地面上往远处看,今天的成角透视换成了从地面往地下看。

孩子们恍然大悟之后，把眼光投向了自己的画面。"透视"概念解析清楚后，三庭五眼、三大面五调子、比例、结构等绘画原理、知识，都随之变得"没那么难"，也不再枯燥乏味。

孩子们在成长的过程中，思维由童话式幻想慢慢地转向理性想象，美术教学认知目标的关键，就在于帮助孩子们在儿童期的游戏状态和成人期的智慧自觉中找到平衡点，进而愿意继续进行创造性活动。

只要有机会，孩子们就葆有创新的勇气。上学期第一天，天娇在学校摆擂——学校校徽设计"擂台"。"攻擂的你，只要将你设计的校徽设计图和设计说明张贴在空白处就行。攻擂人数不限，年龄不限，性别不限。我，等你来攻擂！""擂台"是电子屏上的视频、广播中心的播音，还有张贴在学校醒目处的海报：身穿武者服装的俊美少女，反身单手劈出大片空白供"攻擂者"张贴设计图。开擂语言很有"擂"风，开擂海报更具"擂"感，一贴出，孩子们蠢蠢欲动，老师们也跃跃欲试。创新，不是口号，而是行动。

成功的美术教学，是致力于帮助孩子沉浸在创意迸发的世界里，并慢慢超越依从、功利、庸常、消极，拥有独立自主、锐意进取、务实求真、团结包容等现代人格，成长为创造性的国家栋梁。将来，孩子能自动调用创新能力，让工作、生活充满意外的惊喜，那就足够了。

（三）像艺术家一样思考

"像艺术家一样思考！"美国加州大学艺术学博士贝蒂·艾德华呼吁通过边线、空间、光影等美术技巧，在生活、学习、工作中获得一种新的解决问题的视角。

画家画的是什么地方？画中的景与真实的景一致吗？画家怎会看到如此丰富的色彩？又如何将颜料调和成想要的色彩呢？像他们一样很难吗？与其说孩子们是对艺术家的工作感到好奇，还不如说是对艺术家的思维方式感到好奇——艺术家对自然物象有着超常的敏锐性，对美有独到的理解和演绎，对美的世界的创造能"心到手也到"，奇迹似乎毫不费力就能产生……美术教学，是在帮助孩子揭示艺术家的思维奥秘，获得观察、追问世界的"别样视角"。

艺术家的视觉世界比常人更丰富，那是因为世界本来就丰富。山峦叠嶂、层林尽染等词汇都在描述着视觉世界的丰富与美妙，但是孩子们自觉或不自觉地将物象简化为图形符号，如上下起伏的线表示着山，锥形和长方形的组合就是树，颜料盒中的湖蓝色就成了天空的色彩……这种基于视觉恒常性的概念化认识，使孩子们的视觉世界苍白无力，惨淡无华。长此以往，美，何处寻？所以，应常带孩子们去写生，帮助他们深入探寻美，形成细微观察、发现本质、步步深入等思维反应模式。

杨阳：老师，到哪儿写生？我不会啊。

天一：从哪里着手画啊？

蕴之：画错了怎么办？

师：只要你无比相信自己眼睛所看到的就行。

天一：真的？

师：是的，要知道，你是自然精灵的知音，只要愿意靠近它，更近距离地靠近它，就会发现一些秘密——光影、构图、色彩、透视、线条、比例、结构，它们就如同有约般地出现在你眼前。我们从一叶兰开始。

我用极夸张的点头让他们释怀。

来到一叶兰的世界后，我请孩子们介绍一片他们认为最独特的叶子，孩子们的理由很充分："它特立独行，兀自旁斜而出。""它翻转着异常妩媚。"孩子们发现，每一片叶与它前后、左右、上下的"邻居"都不同。

"那好，从叶尖开始，把你认为最独特的叶子'搬'到纸上，大小、方向、纹理、残破等尽可能真实描绘。还要记住：把它的独特性都画出来，要知道，它跟你一样是独一无二的。"

孩子们在将信将疑中慢慢画了起来。不一会儿就有孩子开始骄傲地展示自己的作品了：有的拉开架势将自己的画推得远远地，并眯着眼睛说"整体效果还不错"，有的则拉着同伴看自己的画，有的索性把作品凑到同伴的眼皮底下……

蕴之：老师，我可不可以画第二片叶子了？

思源：第二片叶子也像第一片那样画吗？

师：第二片叶子与第一片叶子应该是什么关系？

思源：好朋友。

师：好朋友之间是怎样的关系？

思源：相互照应、相互信任。

师：怎样才能画出这种感觉？

思源：造型上是不是有呼应？

师：对，还有其他路径吗？

蕴之：色彩和线条应该差不多。

师：很好，但是老师还有一个更高的要求，那就是：虽然是好朋友，但彼此也一定有独特性。那么这种既独立又相互依存的关系，如何把握呢？请认真思考并表现出来。

有效教学，是引导孩子们在原先的基础上跳一跳，摘下"甜美的果子"。有了第一片叶子的写生经验，孩子们发现，接下来的画面就容易掌控多了，他们也开始变得自信起来：原来自己也有像艺术家一样的绘画能力——只要动手，只要进行一段并不艰难的绘画技能训练，只要让自己自由地控制手中的笔就行！这一过程中，孩子们不仅仅获得了表现认知的一种能力，更学习了认识世界的另一种方式："把这件物品画下来的过程也许需要大量的心思和劳动，但是不会需要比他写自己的名字更加多的劳力和灵活性。清楚地看事物非常重要。"（墨里斯·格罗舍语）

这一学习过程中，孩子们在发展视觉和知觉的同时，提升着对美的规律、美的法则的认识，如果能将之保存并化为内心的领悟，甚至成为一种审美标准和习惯，给以后的审美活动乃至生活作参照，那么，美术教学才算达成了它的任务——帮助孩子们像艺术家一样，拥有超越了审美感知活动本身的审美理解。

下篇　帮孩子保有独特的自我

作为美术老师，我狂热地喜爱艺术教育。因为我知道，它对于一个人的成长而言是如此的重要，一如呼吸。"美联社"是我的美术社团名称，是我为学生当下的快乐和未来的幸福提升必需的艺术素养，为他们的天性禀赋和成长发展培养必备的创新能力的绝佳阵地。

（一）找到自己

世界上有一个人，离自己最近，但也最远。这个人就是自己。教育，在帮助孩子找到自己。

小宇，"美联社"成员。

他加入我的社团纯属"意外"。那是初一第二学期，我在办公室里听英语老师在向小宇父亲描述着孩子的种种表现：上课时常常神游，下课时总在第一时间冲出教室奔向足球场，连考试间隙也不例外……对于教整个年级近600名学生的我来说，小宇留给我深刻的印象："桀骜不驯"。我一边听，一边看向不远处朝着我们张望的小宇，我诧异地发现那眼神中的矛盾：满不在乎甚至有点冷漠，但又有一丝紧张和期待。

为什么？我很想知道。所以，当听到英语老师建议送小宇去培训机构补习英语时，我立刻毛遂自荐："先让我试试。"孩子通常都反感补课。人之所以伟大，是因为有思想。老师永远代替不了也不能代替孩子去思想，即使以爱的名义也不行。如果一意孤行，孩子永远也不会理解和认同老师，他甚至会决然抛弃老师所有的爱，而拒绝老师进入他生命成长的核心圈。

与小宇谈话的结果是——他加入了我的社团。我自认为凭借着自己对青春期孩子心理的研究和实践能力，可以"掌控"一切。

然而，没过多久我就后悔了，因为我给自己找了一个大麻烦：把他从足球场找回画室成了我的重要工作。怎么办？看来常规举措不适合他，我得另辟蹊径——让孩子自己管理自己，自己评价自己。

于是，每一次社团活动结束我就请孩子们填写一份《美术课笺》，这是我常在美术课上使用的发展性课堂学习评价机制。为了适合社团，我请孩子们用一句话填写"我的收获""我的期待"，填写完毕后交给我写"老师的话"，然后再返还给孩子们。每一次读小宇的文字就是在读他的思想。

3月的一天，小宇写道："我的收获：我画了两个苹果，看上去烂掉了。我的期待：踢足球。"我看了一眼被他贴满小贝飒爽英姿的绘画工具箱，写下了"老师的话"："苹果虽然有点烂，但依然是苹果，你想想怎样让苹果'保鲜'，只要有一个苹果'保鲜'成功，你就有10分钟时间踢足球，但要记得准时回画室。"

学期即将结束时，小宇写道："我的收获：我终于画完了一整张画，有花瓶、两个苹果、一个小陶罐，还有白色和灰色的背景布，我很开心，还与毕老师（体育老师）踢了足球。我的期待：把毕老师踢败，把陈老师也拉去踢球。"后面画了一个鬼脸。当孩子将老师视作与他分享有价值事物的人时，教育的春天就将到来。

就着他的画板，"老师的话"我写得有些煽情："知道吗，小宇，你越来越让我刮目相看，你的作品越来越富有美感：构图大气、造型准确、落笔干脆、明暗处理得当；你越来越有耐心，能坚持把四开纸大的作品全部画好；你也越来越自律，知道什么时候该做什么事。另外说明一点，我虽然曾是排球运动员，但不会踢足球。如果你邀请我去看你踢球，我一定会去为你加油、鼓劲。"

反反复复才是孩子，初中三年的时光，小宇在不断的自我博弈中，完善并提升着自我。当孩子谦恭有礼地品读徐悲鸿作品的时候，将残垣断壁表现得美轮美奂的时候，用交叠覆加的色彩传达着"身与迹化"的艺术美的时候，成功举办"小宇个人画展"的时候，我和小宇以及他的所有老师、他的父母一起欣喜地分享着他的快乐，我们也像雷夫老师那样发现了艺术的魅力——艺术能给予学生其他课程不能给予的东西，比如对美的领悟，比如修养，比如自制……已从上海某著名院校毕业的小宇，曾被余秋雨先生点名为其作品设计海报，他在有一年的教师节给我打的电话让我激动万分："在学习美术的过程中，我找到了自己。"

（二）成长为自己

"人啊，认识你自己！"这条铭刻在希腊圣城德尔斐神殿上的著名箴言，提醒着教育人：帮助孩子成长为自己是教育的价值之一。

至今，手机上还保留着儿子谈天发给我的短信："老妈，我代您看到她了，正如您说的那样，她美得惊心动魄，我激动得眼泪都要掉下来了。"这是当年任教儿子班级美术课的时候，与孩子们一起欣赏《维纳斯的诞生》时的"戏言"："她就收藏在意大利乌菲兹美术馆，如果你去并看到了，就代我多看一眼，还要记得打电话告诉我。"之后谈天不断发来短信："膜拜了达·芬奇的《最后的晚餐》""触摸了罗丹的《大卫》"……不难看出，他已成为美的信徒……

"即使是天才，在生下来的时候的第一声啼哭，也和正常的儿童一样，绝不会是一首好诗。"（鲁迅语）谈天在幼儿园小班时的美术水准，实在与"天才"两字无缘，最典型的例子是画老虎：小朋友一个个将老虎画得虎虎生威或憨态可掬，唯有谈天却只有横七竖八的寥寥几笔，怎么看都与"老虎"相去甚远。我是美术老师，而我的儿子却画得如此糟糕。当时，尴尬、懊恼一股脑儿涌上来，我狠狠地瞪向谈天。也不知道小家伙是不是故意卖乖，一下子朝我扑来，母亲的天性促使我一把接住了他,同时也立即冷静下来:这也许是个绝佳的教育机遇。于是立刻给谈天(当然也给自己)一个台阶下:"你的老虎很特别哦,是不是你的老虎跑得像风儿一样没影了呢?"哪知谈天根本不领情:"我画的是老虎头上的'王'字。"说完就冲出去玩了,屁股后面跟着的是我又惊又喜的一句话:"挺有创意的!"

这不是故事的结束,而是开端。我决定将孩子提前吸收进我的社团,鼓励他用画笔记录他最感兴趣的一切:用刮刀直接写生风景,用水笔直接写生花草,用炭笔、水笔、墨综合起来写生时装秀……

然后,我与老师联手打造一个"逐梦"空间,并使之成为我、孩子、老师三者之间的隆重"仪式":我每天将孩子的作品用精美的文件夹装好,慎重地交给孩子,孩子亲手交到老师手中,老师再在全班进行更为隆重的"仪式"——用略带夸张的动作接过文件夹,再用惊叹的语调表扬孩子的作品,接着挂在教室的醒目处,与小朋友们一同欣赏。我们,用爱来呵护孩子的生命成长。

在充满了期待、褒奖、分享等积极的心理暗示后,谈天坚信自己已经拥有无限的美术创造能力。同时随着谈天绘画技能的逐步提升,"谈天就是美术天才"已经深深地根植在孩子们和老师的心中。只有以自由的心灵才能培植儿童自然质朴、纯真敏锐的心性、心灵,才能使儿童的精神生活自臻妙境。

绘画是一项长期的工程,绝不可能一蹴而就,而且它是不断自臻完美的过程。所以,孩子,慢慢画,慢慢来,这是对生命的尊重。

谈天的"慢慢画"常需要几个小时才能完成一张画,而我"放羊式"的教育常让他独自面对很多问题。一天,他像往常一样,独自背着画夹、拎着写生凳和画箱到楼下写生,约四个小时后他回来了,画板上写生的《摩托车》完全可以用"杰作"一词来评价:线条畅快、果断,疏密得当,虽然他用的是局部画法,但画面构图却把握得不偏不倚,好似早已胸有成竹。正当我欣赏着作品连带着欣赏儿子的时候,谈天却急忙把我拽到窗口,让我对着楼下正准备骑着摩托车离开的小伙子道谢,我虽然感觉莫名其妙,但还是依照着谈天的话表示了谢意。原来谈天在这幅作品画了一半的时候用他的诚心和天真留住了要走的摩托车主人。我拥抱了儿子，因为他懂得了感恩，懂得了坚守。

高尔基曾断言："美学就是未来的伦理学。"美术教育与其他任何课程一样，都具有教育的基本指向——育人，都能将教育价值定格在更为广阔的天空：博爱、自由、善良、平等、民主、科学、理性、公正、宽容等等，将人类文明结晶随时播撒在孩子的心灵深处，并帮助孩子随时叩问自己的心灵：我做到了吗？怎样才能做得更好？唯有这样，孩子的人格与修养才会日趋完善，才能构成灿烂的完美人生。

（三）做最好的自己

"做最好的自己。"李开复的话是教师头顶上方的那盏灯：教育在帮助孩子知道自己要去哪，然后坚定地走下去。

凯文一进学校就不同凡响，上课不一会儿就开始扭动，而且愈扭愈烈。面对孩子的行为，我决定借助艺术的力量。于是就有了以下对话——

师：凯文，为什么上课的时候老是扭来扭去？

凯文：上课一点也不好玩。

师：那你认为什么好玩呢？

凯文：画画最好玩。

师：哈哈，我们有共同语言呢，那你愿不愿意到我的"美联社"来？

凯文：好啊。

师：那你要向教务处提交加入社团的申请书，而且要有班主任和父母签署的意见单才行。

凯文很慎重地点头同意了。

事实上，加入社团的申请书和班主任、家长签署的意见单，都是给孩子一个信息：承诺了，就要认真履职。无论是他，还是老师，或是父母，都理应对自己的言行负责。

不久，凯文进入了我的美术社团。我很明白：重要的不是美术技能，而是孩子。一个孩子就是一枚青色的果子，在长大的表象下包裹着青涩的内心，"好玩"就接着玩，"不好玩"就撇开，一不小心就忘了肩负的责任，这就是孩子。所以孩子在阳光下可以饱满酣畅，一旦遇见风雨，就有可能在枝头摇晃甚至凋落。

从没有学过绘画的凯文一开始还抱着新奇投入其中，没过多久便没了耐心，我索性坐在他身旁，时不时地说上两句："恭喜你，你的第一幅作品即将诞生了。你看，幸福树都已经被你准确地画进画面中。你也在考虑朝向的问题，说明你已经理解了树木的生长规律，而且从你的画面中可以看到树叶的疏密变化。但是我要提醒你，第一，运笔：通常空心握笔比较好，细节的地方可以用写字的方法握笔；第二，坐姿：腰板挺直很重要，这不仅使你的眼睛与画面之间保持最大距离，也可以使你的身材更挺拔；第三，画架：画架不是用来搁脚的，而是用来支撑你的画板的。"

当然，我常常出招"计算"着凯文。比如，在经过几次行为矫正后，凯文课上与凳子"共舞"的时间间隔长了点。于是，我点了一把"火"，在一次活动结束时，请凯文转交一封信给班主任。班主任早就心领神会地在凯文举着这封信的当口，在班级里"忙得焦头烂额"，于是"自然而然"地请凯文代劳，大声念给她听，于是凯文就读出了信函：

老班，凯文很优秀，他努力探索着绘画的奥秘……凯文的探索之旅很辛苦，但他坚持了下来，学会了画画，更学会了沉下心做事，学会了持之以恒，我坚信这将成为他最优秀的品质之一。谢谢你将凯文送到我身边……

凯文当着全班同学的面读着这封信，声音越来越洪亮。之后，他的转变有多大，可想而知。这是从儿童立场出发的孩子成长观，调用着一切教育智慧，保护着一枚青色的果子，等待他长大成熟。作为杰出的教育家，雷夫老师也在借用艺术的力量保护着他手中那一枚枚青果,他鼓励孩子进入艺术的世界,在管弦乐中享受着音律之美,在马蒂斯的剪纸中学习着表达自我的乐趣,在线绳编织中积累着耐心和信任,在莎剧编排中领悟着合作的魅力,所以雷夫老师感叹着:"接触艺术教育的孩子学到的,远远超过他们所学的艺术本身。"

当凯文完成了一幅画的时候,我给他写了一封信:

凯文:

这一定是真的——你是第一次在完成一张真正意义上的绘画作品,因为在完成这一张作品的过程中,你始终处在探索之中:

在打开这么大的纸的时候,你犹豫着该将这棵大大的植物画在哪个位置,该画多大才合适,于是你慢慢地调整着,结果你将那盆植物放得偏左了一些,你有些懊恼,好在植物的大小很合适,这让你得到了些安慰……

在刻画细节的时候,你又犹豫着该画什么细节,当你明白了那些密密麻麻又错综复杂的叶脉是你需要着力表现的时候,你惊呼之后便是非常认真地一笔一笔地画……

你还记得吗,你是第一个完成添加背景的同学,你在我们圆圆的画室里兜着圈,便将西面的市政府大楼、南面的画室门口、北面的同学的画箱一一放进了你的画面中。知道吗,你将这些物体添加得恰到好处,充满了疏密、大小、方圆等对比之美,而更值得欣赏的是:略偏右的市政府大楼扭转了植物偏左的弊端,而左下角的小方凳、画箱则起到了很好的"压脚"作用,使得画面稳定中有变化,那种均衡之美油然而生。

当然,画面中还是存在一些问题,比如你只画了植物等的投影而门的投影却没有画,有些树叶找不到出处,这是由于整体观察和细节表现力不够;画面中有的线条是凌乱的,这是些许急躁造成的。

凯文,探索之旅很辛苦。但在这旅程中你不仅仅学会了怎样画画,更重要的是你学会了沉下心来做事以及持之以恒的精神,这是一个人成就事业的最优秀的品质之一，陈老师希望你保持它，永久地保持它！好吗？

祝成功！

你的美术老师：陈铁梅
2010年6月9日

席勒说："若要把感性的人变成理性的人，唯一的路径是先使他成为审美的人。"美术教学，正在努力帮助孩子们成长为审美的人——能发现世界的美好，发现人生的乐趣，发现生活的完美，保持一种高洁的内心和健康的心态，并鼓励自己和他人一起创造美好的生活。如果未来的某一天，孩子由衷地说出了"我很快乐！"那么，"美的态度"就已经观照到了他的生活之中，美就超越了个体本能意向，他的审美人生就实现了。

这是至情的人生。他会为自然美景而激动，为天籁之音而感动；会在旅途中停下匆匆脚步，去发现阳光普照山川的绚烂，发现朗月滋润大地的妩媚。他会自觉将生活经验和审美感知联系起来，通过审美活动，愉悦心灵，完善性情，将生命过客升格为审美客体，让内心平和、安宁。

这是至善的人生。他会珍惜千年文明精髓，而绝不会成为低俗文化的追随者，也绝不会成为"到此一游"那世界性笑话的主角。他会理解和认同多元文化背景下诞生的作品的不同，会由此推及人生理解，善待自己，尊重他人。

这是尚美的人生。他会懂得着衣打扮、居室格调与素养的协调，使日常生活跳出现实囿限，进入精神愉悦的境界，"荡涤其浊心，震其暮气"，超越个体生命有限的存在，心胸博大、眼界宽广，成为生命高扬、生活充实的人。

朱光潜先生用"一棵古松的三种态度"诠释美之于不同的人，其美感态度生发出不一样的审美情操，第一种是以牟利为目的的功利欲念，第二种是以谋生为目的的器物功用，第三种是超越了前两种的以审美为目的的人生情怀。

教育不排除也不能排除前两种，而"审美人生教育"则以行动超越前两者，追索第三种，帮助孩子达成感性与理性的共融，审美道德与创新共存，审美与人生的圆融统整。

程红兵

深圳明德实验学校校长,教育学博士,特级教师,特级校长,全国"五一劳动奖章"获得者,享受国务院政府特殊津贴,华东师范大学特聘教授,教育部中学校长培训中心兼职教授,上海市语文名师培养基地主持人,上海市语文学会副理事长。先后获"全国优秀教师""上海市劳动模范""全国师德先进个人"称号。出版《做一个书生校长》《程红兵与语文人格教育》《直面教育现场》等12部专著。

我的"语文自留地"

我是一位语文教师,课堂是我的主阵地,也是我的自留地,我在自己任教的班级里播种、耕耘,日积月累也留下了不少东西,这些是按照自己的思想操作进行的,很有些自己的个性色彩。

我是这样想的,观念思想固然重要,但如果一切仅仅停留在观念的层面上,显然也是不够的;再者批判固然重要,但如果一切仅仅停留在批判上也是不够的,很显然还必须建设。基于这样的认识,我开始从"批判现实主义者"走向"建设现实主义者",当然这一切称号全部是自封的。追寻终极目的,我以为,语文教学要传授语文知识,培养语文能力,但更为重要的是应培养学生的健康人格。于是围绕着在语文教学中塑造学生的健康人格,我开始了系统建设。撰写了系列论文:《从人格培养看中学教育》《语文人格教育论纲》《培养语文能力同时塑造健康人格》《语文教育价值观管窥》《在阅读教学中培养学生健康人格》等。先后在《中国教育学刊》《山东师范大学学报》《沈阳师范学院学报》《上海师范大学学报》《教育论丛》《江西教育科研》《学科教育探索》《教育科学论坛》《中学语文教学》《语文学习》《语文教学通讯》《教育论丛》《中学语文教学参考》等多家刊物发表多篇论文,其中20多篇论文先后被《高等学校文科学报文摘》《教育文摘周报》《人大复印资料》等全文转载或转摘，有20多篇论文获省市、全国论文评比一、二等奖。我的课堂教学研究论文《试论语文课的教学幽默》上报上海市教委，被专家评定为最高级别——A级。

我在自己的班级里开展很有意思的实验，让每个学生每个月读一本文化名著，我以为现在的学生文化积淀太少，文学感受力在下降，知识面越来越窄，无法和教师产生共鸣。文化积淀太少，不但学不好语文，而且妨碍学生个人的成长。语文是什么，我们常常把它复杂化，其实语文本来很朴实，爱读书，勤思考，会用语文表情达意，就这么简单。

我给孩子们开设了《青春书架》专栏，旨在为中学生采一束阳光，添一羽金黄。设想，每月让中学生读一本好书，哲理的，文学的，充满爱心的；人文的，科普的，透射智慧的……这样，一年就有12本，六年就是72本，对人的一生来说，固然不多，但却是中学生成长中的72块文化基石，72根精神支柱，72部生活的教科书！当中学生长大成人，蓦然回首的那一刻，他们会记得与老师曾经共享的一段读书的美好时光，会闻到那书页中散发的缕缕芳香……

我向孩子们推荐了许多文学、文化著作，写出了一些自鸣得意的推荐文字。

推荐《人类的故事》：在老师的手里历史是一门课程，是几本教科书，于是在学生的心里历史是机械的记忆，是枯燥的大事年表……

尘封的过去一改枯槁的容颜，逝去的先人演绎出灵动的故事……这就是房龙的魅力！把房先生请进课堂，让他当一回"孩子王"。

推荐《人类的群星闪耀时》：时间的长河源远流长，绵延不绝，而构成长河的水滴是一个个瞬间。历史的偶然常系于人生的一瞬间，像阳光下的水滴映出五色斑斓，透析命运的一个个瞬间，你能领略人生的七彩，你能省悟历史的必然……

推荐《培根论人生》：阅读经典，是人生的必修课。《培根论人生》是经典，却又朴实无华，深刻而不深奥，明白而又隽永。它是智者的人生哲语，一如清澈的小溪，娓娓道来，充满耳膜；一如春天的细雨，点点滴滴，洒在心间。阅读培根，走近经典。

推荐《少年维特之烦恼》：阅读《少年维特之烦恼》，其实就是阅读青年，阅读烦恼。

阅读《少年维特之烦恼》你能享受到充满诗意的欢愉和忧伤；你能读出18世纪德国青年知识分子的苦闷和觉醒；你能感受到20世纪初新文化运动时期中国青年的躁动不安与狂飙突进；你能倾听出在即将迈进新世纪门槛之际，属于你自己的也属于青年的心跳。

推荐《万历十五年》：我们都有自己的眼睛，但习惯于用统一的目光看问题，我们都有自己的嘴巴，但习惯于用一个声音说话；我们都有自己的大脑，但习惯于用一个模式思维。

读《万历十五年》，或许能启发我们换一个视角看问题，观察世界，回顾历史，透视人物，横看成岭侧成峰，远近高低各不同。这样，或许会有许多真切的感受，或许会有许多独到的发现，或许能找到一个富于个性的自我。

推荐《一千零一夜》：少年时代本应富于幻想、充满想象，而题海战术使他们成了解题操作工，泯灭了童趣，泯灭了浪漫，泯灭了奇异瑰丽的幻想，这是教育的异化，人性的压抑。重读《一千零一夜》，唤醒少年沉睡的心灵，用人类童年的故事去滋润学生过于规范的大脑，或许孩子们心田里因此能发出一些新芽，长出一些青草，姿态各异的，充满生机的。

推荐《凡·高自传》：迄今为止，索斯比拍卖行所拍卖的绘画作品最高售价是凡·高创造的，这位死后的富翁，生前却穷愁潦倒。他是小人物，有许多坎坷遭遇，却始终保持普通人的善良情怀；他是大画家，不为时人所理解，却依然执著，不懈追求。阅读《凡·高自传》，走进一个寂寞的心灵世界，你会深切地感到：美，属于情感丰富的心。

推荐《飞鸟集》：诗钟爱青年，青年更钟爱诗，因为青年原本就是诗一般的年华。

推荐《别闹了，费曼先生》："在老师推荐的20多部文化名著中，这一部书我最喜欢看。"一个非常聪明活跃的男孩对我说。我想这和整本书的孩子气有关，当孩子们在大科学家的传记中读到天真的、纯朴的、恶作剧的、爱幻想的、轻松的、调皮的天性，这些原本属于他们的秉性时，那是一种怎样的欢乐啊！童心与创新意识、创造能力有着内在的、必然的联系，值得我们珍视。

推荐《草叶集》：春草是诗，秋叶是诗，春草是生命的勃发，秋叶是生命的绚烂。

高歌民主，渴望自由，憧憬明天。这就是《草叶集》，这就是惠特曼。分明是一团热烈的火，点起激情，燃起理想；分明是一条奔腾的江，冲过昨天，奔向未来。

习惯于在足球场上寻找火热的青年，也应该习惯于在诗中寻找激情。

推荐《这里的黎明静悄悄》：革命英雄主义似乎离青少年很远了，学生们所追的星当中几乎找不到革命英雄，因为许多人以为战争已离我们远去，和平将永远伴随着我们。然而今天的世界并不太平，战争的枪炮声依然不绝于耳。我们希望和平，但我们必须有保卫和平的勇气，生活在和平年代里的青少年，心中应该有保家卫国的豪情，应该有舍生忘我的英雄气概。这正是教育义不容辞的责任，也就是我们推荐本书的目的所在。

推荐《老人与海》：桑地亚哥精疲力竭、满身伤痕地从海上拖回空空的大马林鱼骨架时，他疲惫地倒下去了，这一幕深深地印在我的脑海中，老人的身上体现了我们人类不可征服的伟大精神，慷慨悲壮，激情洋溢。我以为，如果艺术失去了激情，失去了悲壮，就失去了尊严，失去了壮丽；如果一个民族失去了激情，失去了悲壮，就只有懦弱，不可能强盛。悲壮艺术是滋润一个民族的必需的养料。

推荐《经典常谈》：朱自清是学者，具有缜密的逻辑思维能力；朱自清是作家，具有非凡的语言驾驭功力。他写就的《经典常谈》，使古文化走近今天的学生。学生们这样说，朱自清是一个好向导，他先在洞外为我们解说一番，使我们心中有数，且他是真实解说，绝非说这儿是双龙戏珠，那儿是仙人指路，求真而非猎奇的游客自然欢迎他这样的好向导。诚哉，斯言！

推荐《约翰·克利斯朵夫》：人生是一首歌，每一个音符都是跳动不已的心符。或激昂，或抑郁；或奔放，或低靡。不同的个性编织不同的乐章，于是世界变得五彩缤纷，人生变得绚烂多姿。《约翰·克利斯朵夫》是一首激昂与抑郁交织、奔放战胜低靡的乐歌，一如贝多芬的《命运交响曲》，一声声敲在读者的心灵，一曲曲回荡在人生的舞台。

推荐《欧游杂记》："读万卷书，行万里路。"这是古老的人生经验，也是中华的文化箴言。书读得多了，连成线，就成了路；路行得多了，记下来，就变成了书。《欧游杂记》即是行路人的书作，朱自清的笔墨就是作文的成功之路。读进去，你就上路了，一路欢欣，一路漂泊，一路如诗如画的风景……

推荐《钢铁是怎样炼成的》：保尔是几代人在青少年时代的偶像，是一个具有强烈震撼力的大写的"人"。他钢铁般的意志使人折服，使人敬佩；他对生命的理解，燃起了多少人火一样的理想，火一样的激情。人生需要激情，事业需要意志。在他那钢铁般精神的鼓舞下，今天的青少年一定会奋发向上，勇往直前，不屈不挠，挺起我们民族的脊梁，去实现我们民族复兴的伟大事业。

推荐《先知——纪伯伦哲理抒情散文诗全编》：

像一位老人向孩子讲述人生的经验，

像一位青年向恋人倾诉心中的爱情，

像一位儿童向人们叙说世界的斑斓和神奇，

这就是纪伯伦。

爱美，就应该热爱生活；爱人，就应该热爱生命；爱智慧，就应该体验人生的每一个乐章……

这就是《先知》。

推荐《宽容》：在房龙之前，大概没有人会以"宽容"作为著作的标题，这是房龙在呼唤，呼唤人文情怀，理解他人，容纳异己，忧患人生，关怀人类。

人类发展的过程中，有太多的不一致，有太多的矛盾，不要把不一致夸大，不要把矛盾激化,少一点刻薄,少一点压抑,多一点宽容,多一点爱,思想的幼芽才能破土而出,创造的火花才能闪耀,文明的脚步才能走得更快。

……

我让孩子们读书,海明威的《老人与海》、茨威格的《人类的群星闪耀时》、房龙的《人类的故事》、李辉的《风雨中的雕像》、余秋雨的《文化苦旅》、罗曼·罗兰的《约翰·克利斯朵夫》、培根的《培根论人生》、卢梭的《爱弥尔》、朱自清的《经典常谈》、宗白华的《美学散步》,还有《歌德谈话录》《时间简史》《别闹了,费曼先生》……就这么一本一本地读下去,要求学生每周做书摘笔记,和大师对话,写眉批感想。每月写一篇书评或读后感,用一或两节课时间来讨论,互相交流、碰撞,不时有思想的火花闪耀出来,这是文化的积淀,这是思想的熏陶,这是人格的升华。一次讨论《学习的革命》,有的同学充分肯定这本书,有的同学说这本书夸大其词,不切实际。争论不休之际,又有同学站起来说,应该吸收本书对我们有益的地方,至于什么一天读四本书并且把它记住,四到八周内掌握一门外语,那是广告,你把广告当真你就傻了。学生之间的交流有时比老师的教育效果好得多,要充分相信学生,特别是学生群体。读书讨论关键在于引发学生思考,对社会对生活有自己的眼光。学生讨论李辉的《风雨中的雕像》,有同学说:"作者李辉认为老舍是风雨中的雕像,我以为不然,老舍抛弃了他爱的和爱他的人自己投水而死了,他在风雨中倒下了,所谓雕像应该是屹立不倒的,很多作家在'文革'的风雨中挺过来了,他们是雕像。"我当然知道这个孩子没有经历过'文革',不知道'文革'对人是如何摧残的,但是我又分明感到这个孩子是用自己的大脑在思考问题,是表达自己的真实想法,这不正是我们所希望的吗?

总结自己的教学,出版了相关的著作,其实都是自己的教学积累,也是自己的思想主张在教学实践中的具体体现。我一直主张研究性阅读,它能体现学生自我价值的研究,激发学生的学习兴趣和求知欲望,极大地推动高年级学生的阅读求知兴趣,学生学习动机趋向内部化。学习既是一种挑战,又是一种满足，产生兴趣的原因何在？首先，在人的灵魂深处都有一个根深蒂固的需要，这就是希望感到自己是一个发现者、研究者和探索者。而在学生的精神世界中，这种需要则特别强烈，同时，当学生带着一种高涨的激动的情绪进行学习和思考，在"挖掘"阅读对象的本质，在"发现"语言现象的因果联系的过程中，对面前展现的"真理"感到惊奇和震惊。当学生在学习中意识和感觉到自己的智慧和力量，看到了自己的劳动成果时，就会体验到研究的欢乐，对人的智慧和意志的伟大感到骄傲和自豪，并进而推动学生的阅读。由此可见，最有效的学习方法就是让学生在体验和研究的过程中学习。发现法着重于学生探究问题、发现规律的过程，这对学生认知结构的丰富和发展具有非常积极的作用，学生在发现中学会发现，学会科学研究。达尔文说："科学无非是整理事实，从中发现规律，做出结论。"学生在研究中既掌握了阅读规律，又培养了研究能力。

我要求每节语文课由一位同学（按学号轮流）介绍一首诗，然后全班同学用3分钟左右的时间把它背下来，其时我和同学一起口中念念有词，兴致上来，我会用浑厚的男中音（当然这完全是自我感觉）作一个诵读表演，摇头晃脑，作得意状，引来满堂喝彩（这当然是学生给我面子）。一个月一本书，一节课一首诗，这是什么？这是丰厚的养料，这是人生的文化基石，基础教育不就是为孩子们的人生奠基吗？

我让孩子们收看中央电视台《焦点访谈》节目，看着看着，把家长也吸引到电视机前，一家人围绕节目内容争论不休……学生在随笔中说到，阅读文化名著是点亮一盏心灯，收看《焦点访谈》是打开社会之窗。一闻此言，我有种心醉的感觉。开展研究性学习，我让孩子们走向社会，调查研究，写专题报告，为社会出金点子，孩子们因此有一种成就感。我常常想，作为一个老师，他的高尚师德应该体现在他对每一个学生的关怀上，体现在他帮助学生取得成功上。不论是对基础好的同学，还是对基础薄弱的同学，我都尽可能给予他们满腔的热情和关怀。我所教的学生张树英，文化课成绩较弱，常常不及格，甚至语文考试也有不及格的现象，在我的思想里她一直是我应该多加关怀的对象，我从来没有想到她也会闪光。一次组织学生搞项目设计，张树英同学选择了一个很有价值的题目，她给上海市的城市建设出了一个金点子，建议在上海建一个地球村，她是从世界许多大城市大都有唐人街获得启发，设想在上海辟一个地方建一个地球村，以国家民族命名街道或村落，比如埃及村、巴黎大街、俄罗斯大街等等，吸引外商来投资建设，按照他们本民族的建筑风格来建造，建成之后，经营他们本民族的特产，让外国人到了这里有一种回家的感觉，让中国人不出国门就能体会到异国他乡的味道。这篇文章交到我这里后，我眼前一亮，真是一个好主意！文章有许多病句、错别字，我指导张树英反复修改，一共改了五稿，方才成型。文章寄给了当时的上海市市长徐匡迪，徐匡迪市长嘱咐上海市城市建设规划局局长亲笔回信，给予充分肯定。文章还寄给了上海市副市长周禹鹏，周副市长亲笔批示。上海东方电视台、上海教育电视台、上海电视台纷纷采访报道张树英，令我意外的是，张树英面对镜头居然侃侃而谈，记者忍不住向我夸奖：建平中学的学生素质就是好。张树英感谢我对她的帮助，说她的成功凝聚了我的一分心血和汗水。而我则对她说：我也感谢你，是你改变了我的错误认识，我一直认为你需要我多加帮助，没有想到你也会闪光。

我出版了著作《创新思维与作文》，旨在探索一条作文教学的新路子，即从人出发，而不是从文出发，从开发人的创新思维能力出发来提高写作能力。从人出发我们就应该研究写作的主体，我们总说文如其人，要作文先做人，可见人是根本。从文章的生成过程来看，任何一篇文章的诞生都要经过"双重转化"。首先是现实生活、客观事物向认识"主体"（即写作者）的转化，即写作者能动地、本质地、真实地将现实生活、客观事物转化为自己对客体的认识（观念和情感），这是由事物到认识的第一转化。而后是作者的观念、感情向文字表现转化，将头脑中的意识、情感转化为书面语言，这是由认识到表现的第二转化。无论是第一转化，还是第二转化，其"中心"毫无疑问是写作主体，因此写作教学就应该把"主体"置于中心地位，这就抓住了事物的主要矛盾，符合文章写作的客观规律，这样才能更好地提高人的写作能力。

从人出发抓住了事物的主要矛盾，而矛盾的主要方面是思维，思维在文章生成过程中处于核心地位，起着主要作用，说到底写作是一种思维活动，文章是思维的果实。思维是人类所特有的认识过程，是人的认识能力向事物本质深入的一个复杂的辩证的过程，是人脑反映事物一般特性和事物之间相互联系的过程，是大脑以已有的知识为中介，进行分析、综合、判断、推理和形象创造的过程。

文章是以文字符号为媒介，或叙事明理，或表情达意的有一定篇章组织的信息载体。以现代信息观点看，写作过程实际上是信息处理的流程。从起始阶段对于客体自然信息的反应与选择，到大脑的转换加工成为主体的自为信息，然后编码组合为新的人工再生信息，这整个流动过程，无不体现作者多方面的思维能力。比如在选材定题时，需要观察力和直觉力，在炼意构思时，需要推断力和想象力；每一环节的深入，都是思维的推进。

文章要有新意，选材要新，立意要新，手法要新，语言要新，一句话，作文就应该体现自己独到的东西，是自我个性的直接外现，因而创新思维就显得尤为重要。在思维的广阔心理领域里，创新思维是人类思维活动的最高形式，最活跃，最生动，最奇特，因而也最富于生命力。我们说的创新思维取广义的理解，能有新的发现，提出新的见解，解决新的问题，或者能够对前人、他人已有的成果进行创造性的运用，就应该视作具有创新思维能力。创新思维在人的文章生成过程中，对文章主题的创新、内容的创新、形式的创新、语言的创新起着决定作用。如果说文章是披上语言文字外衣的思维，那么有新意文章的写作过程就是主体给创新思维选择并披上新鲜的、漂亮的、具有个性色彩的外衣的过程。

创新思维是个性的集中体现，是人类思维活动的最高形式。创新思维不但在作文教学中具有十分重要的意义，而且在人格培养中具有十分重要的意义。培养学生的创新思维、创新能力，既是社会发展、民族进步的需要，也是学生个性发展的需要，是教育的根本宗旨。教育的要旨就是创新人才的培养，显然，结合作文教学培养学生创新思维能力就是要实现教育的要旨。我们的作文教学不要把学生的眼光锁在狭小的学业天地之中，而应该促进学生一丝不苟地、独立地、自信地用严峻的眼光审视周围环境、人生大舞台，不是人云亦云，而是勤奋好学，孜孜不倦、锲而不舍地探索未知世界。在创新活动中学会创新思维，增强创新意识，激发起创新灵感，迸发创新火花，产生优秀的创新佳作，从而最终造就创造性的人格。

几年来我所教的学生，都取得了很好的成绩。仅以2001届学生为例，一年来经我指导的学生在全国各种报刊发表了30多篇文章，并获得全国作文大赛一、二等奖，上海市高中作文大赛一、二等奖。我把学生的作品编成集子，有几十万字。我所带的2001届建平高中毕业生高考平均分获上海市第一名，我自己任教的班级语文平均分又是整个年级第一名。

我在我的课堂教学中也力求体现我的个性，因而我的课赢得了我所教的每一届学生的好评。

1993届毕业生张有德来信说：

……程老师，您给我的记忆太深刻了，您也是我上高中以来碰到的第一位好语文老师。以前语文课我不是睡觉就是干其他的事情，简直是活受罪，可自从上了您的课，我对语文特别感兴趣，您那丰富的知识，幽默的谈吐至今想起仍觉得回味无穷，真愿能再一次听您上课……

2001届毕业生李佳梁来信说：

是您大胆创新的教育理念和实践，让我有幸领略到了"大语文"的独特魅力。感谢您，程老师！您与您的课已经成为我生命中最难忘的一个组成部分。

2006届毕业生王维捷来信说：

在完成高中学业，即将如愿以偿踏入大学校园之时，我要对陪伴我走过高中三年时光的程老师衷心地道一声感谢。

我想我们还是很有缘分的。我进了建平，进了理科班，您教我们语文，我成了您的课代表。我现在回想这一系列的际遇都还觉得妙不可言。

您教我们念书，写读书笔记，当我重读当时留下的种种感悟时，总会产生亲切感。文字是很珍贵的东西，在信息化时代，我依旧喜欢捧在手上的纸质的书，喜欢手写的书信，这些文字有触动内心的力量，有长久的生命力。

课堂里学的知识，有很多在通过考试之后就丢掉了，而老师在课堂里的一次即兴讲话却会清晰地留在我的心里。记得在讲课文《钱钟书伉俪》的时候，您说希望我们将来也能拥有幸福的婚姻，当时，全班都笑了。从来没有老师在课堂上提到这个话题，您说得那么自然，那么坦诚，让我好意外，也好感动。在今年的自主招生考试之前，您说凭借我们自己的能力都能考上一流的大学，要对自己有信心，要放远目光，不要被一些蝇头小利诱惑，要在选择的时候站得稳，坚持住自己的理想。当时听您一气呵成地说完这番话的时候，好令我震撼，在复习迎考的时间里，您的话鞭策着我不断地努力。您常常说要有海纳百川的胸怀，常常鼓励我们成为优秀的青年，这些，我都记得。我想，在教育中倾注了感情，才会打动学生，才是成功的教育，在多年以后，当年背诵过的古文早已忘记，而老师的一番话却依旧产生着长久而深远的影响，爱的教育，心的教育，最有感染力。教书与育人，我一直都认为后者更为重要。

还有在去年教师节，您在班里说因为工作繁忙考虑过不再任教，但却舍不得我们，您说再忙也要教完我们这一届，还说谢谢所有的同学。那么真切的肺腑之言，好令人感动。在高二分科的时候，我曾经考虑过加试化学，但我最终还是选择留在这个班的原因之一就是希望在三年中我都能担任您的课代表，善始也要善终。现在，班里的同学都考进了理想的大学，您在为我们高兴的同时，也为自己成功地完成使命感到欣慰吧。

我得坦白一件事，其实我并不是十分认真，我也会偷懒，而三年来我之所以能完成我的任务全都是因为您的信任。您几乎不过问收作业的情况之类的，每次送作业到您办公室,您都会说"谢谢"。点滴之中,有无形的力量促使我去好好地工作。我并不很清楚这是为什么,也许这就是潜移默化。我觉得要对得起您的信任,所以要认认真真、踏踏实实地做好每一件事,这就是全部的原因,您会不会觉得诧异?我一直都没有说过,而现在,该是向您坦白的时候了。

进入大学,生活又将翻开新的一页。高中也好,大学也罢,都是不断修炼学识、提升素养的地方。我会秉承阅读的习惯,继续踏实地工作学习。所有的学生都终将离开学校踏入社会,从校园人成为一个社会人。这一代的年轻人应该跨越地域,走向整个世界,胸怀大志,意气风发,以天下为己任,做一个拥有大胸怀、大气度的世界人。好男儿志在四方,好女儿也应当是!

高中三年,有苦有甜,这一切的经历都随着时间的流逝定格在每个人的心里,成为人生路上一笔宝贵的财富,一段值得反复咀嚼的回忆。

再一次谢谢老师三年来为我们所做的一切。若干年后当我练硬了翅膀飞向世界的时候,我依然会清楚地记得老师给我的持久的力量。

2003年担任建平中学校长之后,我便带领老师们围绕学校培养目标,搭建学校课程整体框架,建构建平自己的课程系列,体现自己的文化追求。基本思路是:抓住弱点——抓住现行教材缺憾,以此作为我们课改的落点;盯住要点——以培养学生的健康人格为要点;突出重点——突出建平中学的个性化培养目标;形成特点——最终形成学校课程特色。

课程改革从语文做起,我们组织建平语文教师自编语文必修模块教材,它有两个显著的特点:

其一是经典性,课程的"大师系列"是其他教材所没有的,该模块主要是精选文学史上著名的大家作品让学生重点研读。我们一直认为人的培养重要的是气质的培养,气质的养成是需要大师作品熏陶的。所谓大师,其灵魂超凡脱俗,其思想深刻悠远,其作品大气磅礴,其文字蕴含无限张力。孔子的《论语》,司马迁的《史记》,曹雪芹的《红楼梦》,鲁迅的小说、散文、杂文,莎士比亚的戏剧，托尔斯泰的小说，自有一种气质魅力启人心智，摄人心魄。当下社会有一种文化思潮值得我们警惕，即消解崇高、消解伟大、消解深刻，平庸化、低俗化、娱乐化，视低俗为人情，视无聊为有趣，津津乐道于一地鸡毛的琐屑，流连忘返于家长里短的空虚，灵魂深处空洞而干瘪。学校教育应该培育对真、善、美、伟大与深刻事物的欣赏，对假、恶、丑、渺小与平庸事物的厌恶。建平中学要培育具有"领袖气质"的一代新人，就应该有大志向，有大境界，有大胸怀，就应该重点研读大师的杰作，一个个大师就是一座座矗立在学生心中的文化丰碑。事实上，我们这样的价值取向也体现在我们的数学改革上，设置数学大师系列的模块，也就是体现这种思想。

其二是自主性，这本教材给同学大量留白，留给学生旁批，留给学生点评，留给学生剪贴自己喜欢的作品，留给学生总结模块学习下来的体验。同时我们还专设自主学习模块，自然情怀、人文修养、科学教育、社会文化，这四个模块都是在老师的引导示范之下由学生自主学习。这样一来，教材一定程度上实现了生本化，每个学生的语文教材都是不相同的，都带有个人的兴趣爱好，都带有个人的理解体验，教师和学生共同建构语文课程，实现让教材满足不同学生的不同需求的美好愿望，实现教材的个性化。这也是其他教材所没有的，它体现了我们自身对语文教育的理解，对建平中学语文课程的理解，也体现了我们建平的课程文化，体现了我们的价值追求。

课程改革也使学校教师获得了长足的发展，2009年，建平中学有四位教师同时评上上海市特级教师，位居上海市各基层学校第一名。

作为一个批判者固然不易，但毕竟有一份潇洒和痛快，可以自由地挥洒自己的思想。而作为一个建设者其实更为艰难，因为没有那份潇洒痛快，却有着背负行囊长途跋涉的感觉。为了不至于过于寂寞，我依然像先前一样，在旅途中不时地"呐喊"几声，以壮行色，张开大嘴向前奔跑。

戴曙光

北师大厦门海沧附属学校副校长,特级教师,省小学数学学科带头人,省名师培养对象,新世纪(北师大版)小学数学教材建设特约专家,福建省"送培下乡"讲师团成员,厦门市专家讲师团成员。出版专著《简单教数学》,发表论文30多篇,曾应邀在北京、安徽、四川、海南、浙江、内蒙古、山东、新疆、广西、广东及福建各地上示范课和作讲座。

教育，从"心"改变

学生是有想法的

课堂上，俞老师给学生讲了一个故事，耐人寻味。

二年级学生初次接触除法竖式，老师是这样教的：把15平均分成3份，求每份是多少？列式为15÷3，列竖式计算：

$$\begin{array}{r} 5 \\ 3\overline{)15} \\ \underline{15} \\ 0 \end{array}$$

班上许多学生都按老师的要求写竖式，偏偏一个"二愣头"坚持这样做：

$$\begin{array}{r} 15 \\ \div3 \\ \hline 5 \end{array}$$

俞老师问学生："你认为哪个好？"

学生齐答："老师写得对，'二愣头'做错了。"

"为什么呢？"俞老师跟进。

"竖式不是这样写的，老师教的和书本上都是那样写的。"学生指着正确的式子说。

"可是，'二愣头'不服气，15+3，15-3，15×3列成竖式是这样的，除法算式应该也可以这样列。"老师边说边板书：

$$\begin{array}{r}15\\+\ 3\\\hline\end{array}\quad\begin{array}{r}15\\-\ 3\\\hline\end{array}\quad\begin{array}{r}15\\\times\ 3\\\hline\end{array}\quad\longrightarrow\quad\begin{array}{r}15\\\div\ 3\\\hline\end{array}$$

"你认为哪个更简单？"

"不知道""不知道""不知道"……话筒传到几个学生面前，他们都说"不知道"。

"老师的更简单！"一个学生说，接着好几个同学附和着："老师的更简单！"

终于有一个同学支支吾吾地说："看上去好像'二愣头'的更简单，但他的方法是错的。"

"谁规定'二愣头'的竖式是错的？"

"书本上规定的。"

"可是，'二愣头'还是不服气，他认为自己的方法没有错，而且更简单。"俞老师继续把故事讲下去。

"用什么方法说服他呢？"

同学们面面相觑，都说"不知道"。

……

在刚接触除法竖式时，像"二愣头"一样列竖式计算的学生不少，老师的想法是：讲过多少遍了，怎么还那样做呢？于是批改作业时给的是大大的"×"。学生在与老师几次较量之后，虽然心里不服气，最终也只好屈服于教材和老师的要求。

这样的事例经常发生在我们的教学生活中。

课堂上，令老师愤怒的是，某学生上课经常做小动作，甚至捣乱，影响课堂秩序，于是乎给学生的评价是：你是一个不遵守纪律的学生。而没有考虑学生是怎么想的，他为什么会捣乱。学生不会也不敢向老师表明他为什么做小动作，但我们完全可以猜出这个学生是怎么想的：老师呀，你给我们上课实在是没有意思！

学生是有想法的，学生的想法不是无中生有，当学生的想法与老师所想产生对立的时候，老师想到的是如何把学生"扭"过来。愚蠢的老师是通过罚站或罚抄等强制手段纠正学生的错误行为的，这可能会起到立竿见影的效果，但难以持久。试想，在没有意思的课堂上长期坚持认真听讲，让小学生做到着实不容易。聪明的老师则通过改变自己，转变教与学的方式，使课堂变得有意思，吸引学生的注意力，悄悄地改变学生。

当学生的想法与教师的想法对立时，教师的教育是不会产生正作用的，相反很有可能会产生负作用。教师不能首先要求学生单方面地改变，而恰恰需要首先改变自己，从而改变学生。学生的想法是否得到了教师的尊重，我们如何尊重学生的想法？这是我们需要思考的问题。下面的故事更是让我回味无穷。

斌是一个让老师头疼的学生，每次数学都考个位数，尝试辅导了几次，老师发现他是一个"教不会"的学生，从而放弃了对他的希望。

据说他家开了一个牛肉丸店，生意很火，他经常帮忙收钱，这引起我极大的好奇心：他父母亲怎么把最重要的事情让一个不会计算的孩子做？他父母亲说，斌从来没有收错过钱，数钱很有办法。

我找他试了试："一碗牛肉丸多少钱？"

"一块五。"

"一碗牛肉丸一块五，四碗多少钱？"

"四碗六块钱。"这小子脱口而出。

"那九碗呢？"

他用手指比了比，自言自语："九块加上九个五毛，一共是十三块五。"

原来他先算几个几元，再算几个几角，也就是先乘十位数，再乘个位数，然后把两次乘得的数加起来。而老师在课堂上教的方法是先乘个位数，再乘十位数，然后把两次乘得的数加起来。两种方法都对，只是后者便于写竖式而已。

看来这小子并非弱智！我又重新找回了信心，开始了新一轮转化计划。

我以牛肉丸为背景材料，首先解决计算问题，让他知道他的计算方法是非常好的。接着告诉他另一种方法：先乘个位数，再乘十位数，然后把两次乘得的数加起来。最后教他如何用竖式表示出来。

"老师，你怎么不早告诉我呢？跟我数钱的方法一样，只是顺序调了。"斌一脸的高兴。

真没想到这小子学得这么快！辅导了三次就解决了两位数乘三位数的"难题"，我开始批准他可以不做我布置给其他同学的作业，每天给他布置稍简单的题目，第二天一早就交给我批改。

这小子配合得比谁都好！每天放学的时候，就如约到我的办公室接受我几分钟的培训，让我布置"特殊作业"，第二天一早就到我办公室交作业，让我给他盖上一个大拇指印。因为不管怎样，只要他做，我都不会吝啬，在他的作业本上盖个大拇指印，何况他的作业做得不错。

这样你来我往，这小子真有耐力，有时，因为学校其他工作比较忙，我放学时不在办公室，他总有办法找到我，带回那属于他的"特殊礼物"。然后第二天又可以得到一个"大拇指"。

唉！没办法，谁会料到自己会遇上一块"橡皮泥"呢？尽管我"烦"，但还真不"厌"。

单元考试成绩又出来了，他还是没达到及格，可我告诉全班同学：斌考了47分，比原来多39分，是班上进步最快的，综合评定是"优"。这时，课堂上鸦雀无声，过了一会儿，不知谁带了个头，班上响起了热烈的掌声。

看着斌，我似乎找到了他久违的那份自信。

重温斌的学习故事，我突然想到：也许大多数学生的原始想法与斌的想法一样，只是没有说出来而已，而我们却没有给他们机会表达，对他们的想法一无所知，一味地要求学生按老师和教材的想法做，导致教学行为一直无法走进学生的心灵深处。

学生是有想法的，学生的想法是最好的教育资源，或者是最好的教学起点。尊重学生的想法，学生才能暴露自己的想法。学生敢暴露自己的想法，需要有"安全感"的课堂。尊重学生的想法，只要在学生真实想法的基础上展开"讲道理"的讨论，从而找到最佳的方法，知识就从"心"建构起来了。

学生是能改变的

当老师的经常会遇到各种不同的"问题"学生，经过各种努力试图改变学生，但收效甚微，为此常常会怀疑自己：学生真的能改变吗？相信下面的三个故事会告诉你答案。

故事一：

当科任教师时，我遇上了廖金海（以下简称"海"）。

海并不是一个"麻烦制造者"，但他是一个十足的"硬骨头"，从来不做作业，听说在自家的煤炭间里被关过"禁闭"，甚至曾经被父亲用绳子吊起来打过，老师叫他到办公室补作业，他背起书包就从后门溜了。班主任张老师与他经过多个回合的较量，发现只要先留住他的书包，他就乖乖地听话了，我也试了几次，这招果然见效。

每天傍晚，海都要在我的眼皮底下做完作业，而且每次都得满分才罢休；课堂上，我也专挑简单的问题问他，让他露露脸。过了一段时间，情况发生了变化，放学的铃声响了，我走进办公室，海已经坐在我的办公桌旁做起了作业，我心里暗暗高兴。

每周的文体活动课，我都是把学生带上操场，组织班级足球队、乒乓球队等进行"集训"，海与往常一样，没有与同学们在一块玩，独自在沙堆上玩起了沙子，我有意走过去与他聊天，几个同学也跑过来凑热闹。

"明天就要进行单元考试了，海考个80分没问题。"我开始搭话。

"不可能，考20分就不错了。""这么笨的人，能考80分？"旁边的同学在取笑他。看来，同学们一直用这种眼光看他。

"那咱们来赌一赌，看他能否考80分？"

"戴老师，如果你输了，就把烟给戒了。"真没想到，同学们的条件是让我戒烟。

每次测试，海都是第一个交卷，其实根本没写几个字，只是表示自己做得快而已。为了让海能做完全部试题，并且在这次"赌局"中获胜，考试时我始终站在他旁边，出现失误时，就用手指敲敲桌子，暗示他改正。他做得特别认真，破天荒地完成了全部试题，我这才放心地离开了。

收好了试卷，我迫不及待地抽出他的那一张，很快成绩就出来了，我给他写了83分，按标准扣分，应该是78分。这次"造假"，我一直深藏在心里。

第二天讲评课前，同学们的试卷发下去了，我特意把海的那张藏在抽屉里。因为没看到自己的试卷，海显得很紧张，把整个脸埋在课桌上。

"昨天，我与几个同学打赌海能否考80分，你们猜一猜，他考了多少分？"我发话了。

"20多分""30多分""40多分""50多分"，同学们争先恐后地猜测着，我连连摇头。海露出一只小眼睛偷偷地看着我。

"不可能考及格吧！"不知谁冒出了一句。

我慢慢地从抽屉里取出试卷展开，双手举起，让同学们看得更清楚。

"哇，83分！"同学们惊呼起来，不约而同地把目光投向了海，海赶紧把露出的那只小眼缩了回去。

这时，我介绍了海近段时间的学习情况，并告诉同学们："海其实是一个很聪明的学生，每天都能完成作业，是班上进步最快的一个，因此，这个单元的综合成绩是'优'。"我平时给学生的成绩有两个，一个是卷面成绩，一个是综合成绩。

我坚信，人一旦有了自信，找到了自我，就会迸发出无穷的智慧与力量。

关注学生的学业成绩固然重要，但是老师的眼光更要放在成绩背后的东西上，成绩背后的东西变得很强大了，成绩自然就提高了。可成绩背后的东西到底是什么呢？

故事二：

当中层干部时，我遇上了林丰（以下简称"丰"）。

开学了，我被安排到三（7）班任数学老师，还没接触学生，一个家长就找上门来，说他的孩子丰从读幼儿园以来就喜欢打架，他为此操碎了心。起初，我还没放在心上，上了一周的课后，这个学生的"恶行"是真让我头疼，他的确是个"好战分子"，每天都得和别人打架，经常打得同学头破血流，对于老师的批评教育是左耳朵进右耳朵出，显然打架已经上"瘾"了。

其他家长已经联名上诉了，要求学校开除丰。

我虽未当班主任，但给丰戒"瘾"也是分内之事。我与班主任郑老师谈了我的"计划"，得到了郑老师的大力支持。

数学课上，我宣布了一个决定：从今天开始，班长由同学们轮流担任，首先由丰担任班长，任期一个月。我故意将任期定为一个月，以便实施我的计划。

"值日班长有两大职责：一是下课10分钟内将黑板擦得一尘不染，让上课老师看到我们班的黑板是最干净的；二是放学时打扫班级卫生，将课桌摆得整整齐齐。值日班长的工作每周一评。我相信丰一定能当好第一任值日班长。"

如果丰能认真履行职责，就没有时间与别人打架了，因为打架往往是在下课的10分钟和放学时间，我为我的如意算盘而得意。

丰做得比我想象中的还好，我一进教室，首先向同学们提出两个问题："今天的黑板是谁擦的，干净不干净？""今天的桌椅是谁摆的，整齐不整齐？"之后，我与其他科任教师达成一致，每位教师上课前都先提这两个问题，以激励丰把工作做得更好。

两个星期很快就过去了，班队课上，同学们都表扬丰不和同学打架了，丰站起来不好意思地说："这两周哪有时间啊！忙得我忘记打架了。"

我必须给他来点新鲜的："班长是班级的领导，一个好的领导要能组织全班同学干活，下一期的板报由丰来安排，大家要积极配合。"因为以前"得罪"过许多同学，丰显得很为难。

这一周，我用心观察，发现他工作做得很辛苦，平时以我为中心、目中无人的丰这时变得低三下四，分配的任务，有的同学不当一回事，只有张远和陆捷帮忙。这一周，丰经常向我"告状"。板报终于出好了，不太理想，没关系，让他体会与他人合作的重要性才是我所要达到的目的。我表扬了丰和配合出板报的几个同学。

最后一周，我又布置了新的任务："一个优秀的班长必须是学习的强者，是班上的'小老师'，从明天开始，我会让班长当我们大家的老师，给大家上课。"我要把丰的注意力吸引到学习上来。

丰没想到老师把他抬得那么高，为了当好"老师"，他必须提前自学，我也会对他作课前辅导，没想到他这"小老师"当得真不赖，课上得有板有眼，课堂变成了大小两个老师在上课，也许这是我教学生涯中的一个创举。

从此，丰的自学一发而不可收，三年级上学期还未结束，他已学完了全册的内容，到了四年级，他已完成了六年的学业，小学毕业时，听说他已把初三的内容全学完了。

让我担心的是，他上课越来越不专心了，但又找不出理由整他，因为每次考试他都考第一名，谁都撼动不了他的位置。他说："课上的内容全懂了，强迫自己听，等于浪费时间。"于是我批准他上课时可以做别的事情，但提醒他不要影响别人。

他成了学校的"数学明星"，摘掉了"打架明星"的帽子。

故事三：

当校长了，给学生单独辅导的时间少了，可我偏偏遇上了需要单独辅导的华。当校长除了要上好课，服务于一个班的学生，更重要的是引导好整个学校，服务于全校学生，课后给一个学生"开小灶"成本太高，也怕耽误学校工作，怎么办呢？

事情无法在课外完成，就只能在课内解决问题。课堂上，我得关注全体学生，也无法把时间放在一个人身上，但至少要让华感觉到我很关注她，我用什么办法呢？你可能想不到！

上课一个微笑，下课一个微笑，每天一个问题，这就是让她自我改变的办法。

上课了，我向华投去一个微笑，华向我点点头，下课时，我又向她笑一笑，她会跑向讲台汇报课堂学习情况，我要求她每天给我提一个问题，趁我没离开教室时解决这个问题。

两个微笑传递两个信息，也许我俩对两个信息的理解不尽相同，但心已连在一起，这是一种信任，信任往往比爱还重要！下课了，华会兴奋地冲到我跟前："戴老师，我学会了！"我向她竖起大拇指："不简单！"有时她会向我提一个问题，我会耐心地利用黑板再与她讨论一遍，让她满意地离去。

一个学困生从来没有缺交过作业是很难得的，可华做到了，或许是出于她对我的信任,帮助她实现了自己的承诺。

华的学习在悄悄地发生变化,应该是两个微笑与一个问题产生了作用,回想年轻时老是对学困生臭脸相向,整得学生每天抬不起头,看到老师就战战兢兢的,心里就追悔不已。有了教育人生两种态度的对比,我突然发现:微笑也是一种教育方式,微笑也能改变学生。

三个教育故事,我似乎找到了改变学生的秘籍:建立师生之间的信任是多么的重要,有了信任,学生就有了自信,有了自信,就有了自我,有了自我,才能体会到人存在的价值。

学生是会学习的

在孩子从娘胎里呱呱坠地时,孩子就开始学习了,学生会学是天生的。这点你不用去怀疑。

2000 年,我发现了一个"偷"做作业的学生。

下课了,我收拾教学用具准备回办公室,"老师,老师,他'偷'做作业",一个学生在后面手举着一本练习册追着我喊,另一个同学则追着他要抢回练习册。

我停下脚步问:"珊珊,谁'偷'做作业?"

"小路把整本练习册都做完了。"珊珊为发现"偷"做作业的同学而得意。

小路站住了,显得很紧张。

我把小路的练习册翻了翻,果然把整本都做完了。平时作业都是上完课再做,小路怎么把后面的作业都做完了?没有上课,他怎么会做呢?我很是好奇。

"谁叫你做的?"

"我自己。"

"后面知识还没学呢,你会做?"

"我觉得后面的作业很多都会做,遇到几个不会的,看看书就会了。"小路显得很忐忑,准备接受我的批评。

看了几道题,他果真都做对了。

"从明天开始,你也来当老师,教教其他同学,好吗?"我为这一创举而得意。

第二天,我宣布:"小路把后面的作业都做完了,往后他的作业任务是把没有做对的想明白,更正好。如果你们想提前做后面的作业,老师完全赞成。学会的同学有资格当老师,教还没学会的。"

同学们感到很是意外:"真的可以先做吗?"

"真的,一点都不假!"我肯定地回答。

"做错了怎么办?"

"没关系,上课弄明白了,改过来不就行了。"

我在想,班上到底有多少学生会先做后面的作业,有就给他机会让他当回老师,给同学们讲他的思考过程。

班上越来越多的学生尝试着先做后面的作业,这是我没想到的。

从此以后,让学生先学先试成为我的教学习惯,从先学先试开始,教学变得越来越简单,这其中的道理也再简单不过了。

苏联著名心理学家维果茨基的一句话让我豁然开朗:儿童能够独立达成的水准与经过教师和伙伴的帮助能够达成的水准之间的落差,叫作"最近发展区"。儿童能够独立达成的水准应该是现在发展区。透过这句话,可以把学生的发展区细分为三个层面:一是学生能独立完成的学习任务;二是通过学生之间的互助能完成的学习任务;三是学生独立或合作都无法完成的学习任务。那么,学生能独立完成的,为什么不让他们自己完成?学生能合作完成的,为什么不让他们合作完成?教师唯一要做的是教学生独立或合作完不成的任务。如果学生能独立完成或合作完成80%的任务,那么教师的教便只承担 20% 的任务。

在日常教学中，我不会教那 80% 的知识，而会动脑筋思考如何激发学生去完成 80% 的任务，并且动脑筋思考如何帮助他们掌握自己无法完成的 20% 的任务。就像荷兰数学教育家弗赖登塔尔说的："泄漏一个可以由学生自己发现的秘密，那是'坏'的教学方法，甚至是罪恶。"

那么，学生有没有自学的愿望，会不会自学呢？

我不断地反问自己：有没有给学生自学的主动权？如果没有给予学生这种权利，我们怎么能知道学生是否有这种愿望呢？怎么知道他们会不会自学呢？

简单地讲，学习是不会到会的过程，教师首先要鼓励学生去做，勇敢地去试，有的尝试成功，有的尝试失败，这样教师才能比较准确地了解哪些学生会了，哪些学生学习还有困难。其次要组织会了的和不会的同学展开讨论，交流尝试成功的经验，分析尝试失败的原因，提炼解决问题的方法，做到教"不教学生不会，教了学生才会"的东西。

尝试是孩子的天性，自从孩子从母体里分离出来，就开始尝试，正因为有了尝试，孩子才积累了许多的生活经验和知识。许多的发明创造不就是从尝试开始的吗？苏霍姆林斯基说："在人的心灵深处，都有一种根深蒂固的需要，这就是希望自己是一个发现者、研究者、探索者。在儿童的精神世界里，这种需要特别强烈。"儿童的这种需要，我把它理解成"老师，我想自己试一试"。

我有什么理由不让学生试一试呢？

在我的课堂里，一个数学问题的出现，首先让学生尝试，"你会吗？试试看"已经成为了一句习惯用语。

上二年级上册《8 的乘法口诀》时，先做放松操，然后我说："今天我们学习 8 的乘法口诀，会编吗？试试看。"学生自己试着根据书本主题图、数轴、乘法算式编口诀，自编的结果让我吃惊，没有一个不会编的，那么，以前教口诀时，一句一句地教到底值不值？学生能编出口诀，我应该教什么呢？

上五年级《稍复杂的方程》时，我出示例题后问："你们能解决这个问题吗？"然后我发现学生大多都不喜欢用方程解，结果没有几个同学做对，这引发我思考：怎样让学生喜欢上方程呢？

……

我把学生的尝试叫作"准备性学习"。

成绩优秀的学生大都具有课前准备的习惯。道理再简单不过了，学校开展活动，需要做大量的准备工作，否则活动不可能成功；教研组召开教研活动，听课评课，很多老师评课时无从下手，是因为课前没有作好准备，没有思考，没有带着问题听课；学生尝试后，至少知道自己是怎么想的，怎么做的，想法与做法正确与否；学生尝试运用已学过的知识解决未知的问题，体验尝试成功的快乐，即使尝试失败，也会激发求知的欲望；学生尝试后，教师能准确地了解学生的状况，从而调整原来的教学策略，有针对性地实施下一个环节的教学。

叶圣陶先生说："教是为了不教。"为了达到"不教"之目的，就得让学生学会学习。相信学生都有自己的学习方式，但不同的学习方式所取得的效果不一样，学生学会学习也需要一个过程，教师的任务是使学生对自己的学习方式进行反思、调整与优化。

如果你承认学生是会学习的，那么就要给学生更大的自主学习的空间，让学生学会根据自己的情况自主选择"我要怎样学"。我对作业的处理可能让你感到意外，但却取得了非常好的效果。

布置作业当然是为了巩固课堂内所学的知识，完成作业对于学生来说是一项学习任务，《小学生守则》有一条："认真完成老师布置的作业。"通常老师为了操作方便，给学生布置同样的作业，同样的作业意味着难易程度一样、数量也一样，这对不同的学生产生的影响不同，有些甚至是负面的。

对于基础好、学习能力强的学生，做课外作业相当于重复课堂练习，不断的操练让他们心累。而学困生往往进不了知识的大门，课堂上学不会，也不用指望他们能独立完成课外作业了，不会做但又要交"差"，于是他们就想着法子混，也感觉心累。从心理学的角度分析，这两类学生也许慢慢地就对学科学习失去了兴趣。

在我任教的班级中，有一部分学生可以选择自己的书面作业，可以选择不做书面作业，也可以选择做哪些题，不做哪些题，当然也可以选择全做，这部分学生是优生。另一部分学生需要完成必做题，其他的可以选做，这部分学生是中等生和学困生。

学优生为了保住"不用做作业"的席位，就会想办法在课堂上提高效率；中等生都想争取成为"不用做作业"的那部分学生，于是想着法子努力；学困生只做"保底"的作业就行了，如果"保底"的作业做对了，也能拿到一个"优"。

选做题中肯定有一道趣味题或极具挑战性的题，目的是诱导学优生去挑战。有些学生做挑战题或趣味题可能会花很长时间，但他们乐此不疲，哪位学生挑战成功，我都会寻找机会让他当"老师"露露脸，体会成功的快乐，以此促进他们学习的兴趣。

我要做的工作有三项：一是教学生认识有没有达到自由选择作业的资格，知道"我是谁"；二是教学生如何争取自由选择作业的资格，知道"我该怎么做"；三是当学生拥有了自由选择作业权利时，教他们认识"我又是谁""我该做什么"。

那么，我又在思考：中等生跳一跳能摘到果子，要争取成为学优生比较容易，而学困生要争取不做作业的权利是非常困难的，怎么让学困生也有机会不做课外书面作业，让每个学生都有课外书面作业的选择权呢？

我的每节课都有独立作业的时间，作业题其实也是本节课的质量监控测试题，我根据课堂作业的情况决定中等生和学困生是否拥有课外作业的选择权，以此来激励学生提高课堂学习的认真程度和学习效率，增强课堂学习的"效率意识"。学困生只要达到了我想要他们达到的要求，也可以获得课外作业的选择权。在教师与学生"双主体"课堂教学中，学生的效率提高了，教学的效率才能得到成倍的提高。

　　让学生拥有学习的自主权，从这个角度上思考，简单教数学就是符合"人性"的数学教学，数学教学符合人性，也就变得简单了。

窦桂梅

清华大学附属小学校长,全国著名特级教师,博士。教育部"中小学教师国家级培训计划"特聘专家、专题课程主持专家,教育部基础教育课程教材专家工作委员会委员。北京教育学院、东北师范大学、首都师范大学兼职教授,硕士生导师,清华大学教育研究院基础教育研究所副所长。提名"全国十杰中小学中青年教师",先后获得"全国模范教师""全国师德先进个人"等称号,被评为"新中国成立六十年来从课堂里走出来的教育专家"之一。2014年9月,她带领的清华附小语文团队获得首届基础教育国家级教学成果一等奖。

我的小学语文主题教学实践研究

近 30 年的实践与研究，我以语文立人为导向，探索怎样更好地面向全体儿童，提高语文素养、培养完整人格。在此进程中，对小学语文的教学目标、内容、实施策略、课程资源、评价等方面进行了改革，逐步发展完善为小学语文主题教学思想和实践体系。

一、问题的提出

从普通教师到特级教师，我发现语文教学的问题主要集中在以下三方面：

第一，工具性与人文性割裂，难以形成核心价值观。

新课改前，部分教师注重知识传授，忽视人文精神培养；新课改后，部分教师以尊重学生的名义放弃对于核心价值观的引导，很难让学生拥有真切的情感体验。语文课要么上成思品课，要么上成训练课，人文工具之争始终没有解决。

第二，教学内容支离破碎，难以整体提升语文素养。

单篇教学篇幅短小，不能给学生足够的语言材料和思维空间，篇与篇缺乏联系，学生不能从比较中发现语言规律，学习的内容、获得的体验碎片化。教师一课一课教，甚至把语文的外延窄化为教材本身，无法实现课程标准提出的语文素养的整体提高。

第三，教学目标不清、教学方式僵化，导致儿童学习负担过重。

面对语文教学丰富的内容，教师很难确定清晰的教学目标。从满堂讲到满堂问，再到满堂论，始终不能跳出内容分析的套路，教学方式单调。为了应对考试，学生要进行大量重复性的机械训练，学习负担过重。

宏观上说，这些问题事关学科定位和发展方向，代表了语文教学某些积重难返的核心问题，是课改的"硬骨头"。微观上说，又是教师教学必须面对的现实问题，事关"语文立人"理念的实现。为此，从实践中寻找突围之路，帮儿童打好学习与精神成长的底子，成为我时刻不敢忘却的使命。

二、解决问题的过程与方法

（一）探索阶段（1994.9—2000.8）

审视才能前瞻。为破解教学内容碎片化困境，采用亲身实践的方法。1994年我新接一年级，跟学生学习生活到六年级，率先提出为儿童生命奠基的"三个超越"：

"基于教材，超越教材"——用教材教，而不是教教材。在尊重教材的基础上，把教材看作一种可以改造的客观存在，审视和批判教材，科学加工处理教材，有意识地扩展阅读内容、自选课程资源。

"立足课堂，超越课堂"——课堂小天地，天地大课堂。将语文引向自然，引向社会，引向生活；从生活中来，向生命里去，增进儿童实践与创新能力及社会责任感。

"尊重教师，超越教师"——和学生一起幸福成长。教师蹲下身子，把儿童当作学习成长中的伙伴，与儿童一起去探求语文学习的奥妙。

六年多的实践研究之后，在 2000 年"窦桂梅语文教改成果展示会"上，张翼健鼓励我：你的实践理念是超前的，是在着眼于人的发展。而后我在人民大会堂作专题报告，进行全国巡讲，反响很大，"三个超越"为语文新课标修订提供了借鉴。反馈的声音激发了我进一步的思考："超越"不能没有边界，需要以主题作为抓手，整合内容，实现教学结构化、序列化——主题教学的雏形呼之欲出。

（二）形成阶段（2000.9—2007.8）

承前才能启后。2000 年 9 月我又带新一年级，跟随课改脚步，结合课标，借鉴西方课程统整理论，尝试将教材中单篇课文碎片化的教学内容，以主题加以统整，并形成相应的教学模式。

2001—2003 年，执教《朋友》《再见了，亲人》，以"友情""伟大的友谊"为主题，一篇带多篇，牵主题一发，带动听说读写全身。在"窦桂梅专业成长思想"研讨会上，正式提出主题教学，《人民教育》对此进行专题报道。霍懋征高度评价：主题教学是一种创新模式，让教学内容集约化，充分体现了新课标精神，实现人文性与工具性统一。

2004—2005 年，继续以课例推动。从文本中提取主题，以主题优化整合多种课程资源，如教学《秋天的怀念》，从中提取"好好儿活"，群文共读《我与地坛》《合欢树》等，引发学生对"珍惜生命"的深思，促进精神发展。而后加强提升学生思维品质的研究，如《游园不值》的"不值"，对比《雪夜访戴不遇》的"不遇"，体味"不遇中有遇"的主题。

2006—2007 年，开始实践不同文体的课例。经典诵读，如在《村居》等古典诗词的吟诵涵泳中体味"居安思危"主题，带动相同主题诗词诵读；整本书阅读，如由《三打白骨精》导读《西游记》，《丑小鸭》导读《安徒生童话》等。把阅读课纳入课程体系，实现了"课外阅读课内化，课内阅读教学化"。

又一轮六年多的实践研究，丰富了主题内涵，形成了以"情感·思辨"为主线，"体验·生成"为特征的小学语文主题教学实践模型。在扬州"主题教学研讨会"上，成尚荣等专家认为，主题教学因其独特的主题内涵，已经从一种创新的教学模式，发展为教学思想。

（三）深化阶段（2007.9—2013.8）

系统才能科学。为了让思想烛照现实，更好地提升儿童语文综合素养和核心价值观，我运用"主题·整合"思想，借鉴多种理论系统构建，完善教学体系。

依据课标，主题统领。把 2003 年曾提炼出的"三个一"，即"一手好汉字、一副好口才、一篇好文章"的校本目标，进一步细化完善，前后十余年，出版了 12 册《小学语文质量目标手册》（以下称《目标手册》）。

将《目标手册》转化为儿童的学习过程。主题单元整合学习内容，用三年多时间出版《小学语文乐学手册》（以下称《乐学手册》），并用该手册作为载体改革课堂教学方式。以《魅力》《牛郎织女》等课为例，明确以"四维度"为增值点，以儿童乐学、善学为导向的动态课堂，并完善多维度的评价体系。

利用主题教学中的整合思维，打破学科分立，实现学科有机融合。2013 年执教多学科整合课《皇帝的新装》，获得钟秉林、谢维和、朱小蔓等专家肯定，以此推动学校课程整合，构建"1+X 课程"育人模式。

又一轮六年多的实践研究，重建了课堂形态，形成目标、内容、实施、评价四位一体的主题教学系统，很好地解决了"教什么、怎么教、怎么评"的问题。以主题整合，优化各学科学习内容、方法及路径，儿童在学科内、跨学科整合中，学有兴趣，学有方法，学有创新。

三、成果的主要内容

（一）界定了核心概念

1. 主题

主题教学中的主题，是围绕小学阶段儿童发展特点及生活经验、语言习得规律、优秀文化等确定的核心词句，以及表现出的相互辉映、立体的、动态的"意义"群。主题与儿童的生命成长编织起来，生发语文教育的意义。主题既是语言本身，也始终指向儿童语言、思维和精神的成长；既是儿童的语文素养本身，也利于生命成长的核心价值观的形成。

具体地说，有些主题侧重指向语言的生长，包括语言的积累、理解、运用等，如《我的爸爸叫焦尼》中"简单的表达，丰富的感动"。有些侧重指向思维品质提升，包括分析概括、对比思辨、想象创造等，如《皇帝的新装》创生"回到事情本身"主题，儿童借助语言生成意义，提高思辨能力。有些侧重指向精神发展：自由、平等、公正、法治、爱国、敬业、诚信、友善等社会主义核心价值观；勇敢、自强、谦卑、博爱、尊重、感恩、互助、责任等个体成长价值观。如《珍珠鸟》中的"信赖"，《三打白骨精》中的"向善"。

主题选择的原则要体现儿童主体性。在主题教学的实践中，主题选择最初是静态的，即提取文本的词句作为主题。后来发展为动态的，儿童在与文本、同伴、教师、自我的对话中，自主选择、建构主题，尊重了儿童的选择权。此外，主题选择要遵循阶段性、生成性、开放性原则。不同维度的主题，伴随着学生的语文学习，不断内化、发酵，沟通儿童世界与成人世界，最终成为呼应儿童思维和生命节点与节奏的文化"胎记"。

2. 小学语文主题教学

小学语文主题教学，基于小学语文实践研究范畴提出，是针对小学语文教学中单篇教学支离破碎、目标不清及教学方式僵化、工具性与人文性割裂等问题，以提升和培养学生的语文综合素养及核心价值观为目标，以语言的学习运用为载体，以鲜明的主题，整合语文相关课程内容和资源，整体推进语文教学改革，实现儿童语言发展、思维提升、精神丰富的小学语文教学思想和实践模式。

小学语文主题教学主要基于以下理念：

语文立人。聚焦于儿童语文素养和核心价值观的培养，挖掘有利于儿童的生命成长的语文内容，在与主题的交融中形成儿童成长内核，为聪慧与高尚的人生奠基。

整合思维。整合阅读资源、生活资源和文化资源，密切联系儿童社会生活、情感体验，实现课堂的整体构建。

儿童立场。儿童站在课堂正中央。尊重儿童的独特感受，使其张扬个性、提高参与意识，真正成为课堂的主人。

小学语文主题教学要遵循以下原则：

主题教学指向儿童语文素养与价值观的综合提升，从素质教育的高度去实现双基，但又不拘泥于技术层面，既包括听说读写，还要注重优秀文化对学生的熏陶感染，使学生情感态度价值观，以及道德修养、审美情趣得到提升，良好个性与健全人格得到培养。同时让语文教育在继承与弘扬民族优秀传统文化、增强民族认同感和创造力方面，发挥不可替代的优势。

（二）构建了四位一体的主题教学体系

1. 明确指向语文素养与核心价值观的教学目标

主题教学的目标，指向语文素养与核心价值观。在具体教学中，依据"三个一"质量目标，凭借12册《目标手册》细化到每一个年级。一手好汉字：正确、规范、美观；一副好口才：倾听、表达、应对；一篇好文章：这里包括两个层面，即读懂一篇好文章（理解、统整、评鉴），能写一篇好文章（积累、观察、应用）。"三个一"努力实现低年段，基础牢；中年段，腰杆硬；高年段，起点高。

"三个一"中的"好"是指形成基本的、稳定的、适应时代发展要求的，在听说读写能力以及语文方面表现出的文学、文章、学识修养，文风、情趣等人格修养。儿童在达成"三个一"质量目标的过程中，思维的、精神的元素也表现出来，即获得"一流好人格、一种好思维"。

2. 重构语文课程内容

（1）以主题整合教材，确定精读、略读篇目。

根据主题内涵的深刻与丰富程度、语言文字的典范性程度、历经时间淘洗而得到的认可程度，将教材中的课文分为精读文和略读文。精读文教学，要重点落实课文的文章、文学、文化内涵，以主题贯穿，课堂上学生与文本文字对话，与文字背后的思想交锋，在不断的破和立中，实现主题的意义创生。略读文，能粗知大意、了解主题、学会生字新词、突破重点难点即可，重点在于运用精读文获得的阅读方法，广泛积累，表达运用，丰富对于主题内涵的理解。精读是主体，举一反三，侧重习得方法。略读是补充，举三反一，侧重积累应用。

（2）主题统领，补充经典诵读内容及整本书阅读。

改变，从阅读经典开始。主题教学倡导大量积累，选择古今经典诗词文赋，推荐必读选读书目，设置专门课时加以落实，并将其学习成效纳入分项测评。

内容选择一方面采用"主题·整合"的思维方式，配合所使用的北师大版教材的主题单元，选择与单元主题相关联的诵读与阅读内容。同时，考虑儿童兴趣、需要，从开阔学生视野的角度，选择不同种类的经典内容。如推荐必读选读书目中，有民族文化及世界经典，涵盖人文社科、科普、儿童文学等方面。学生六年积累诗词文赋500篇，阅读整本书超250本，"窦桂梅推荐书目"在全国广为流传，成为广大学生、教师、家长借鉴的范例。

3. 实施"长、短、微"课时设置

为推进精读、略读教学，落实整本书阅读和经典诵读，以及语文创新与实践活动，使学生利用在校时间完成，增质不增负，我们将原来40分钟一节课，调整为60、35、10分钟不等的长、短、微课时。

清晨入校后，学生可自主选择在图书馆参与阅读微课堂；早上晨诵10分钟，诵读经典的诗词文赋。

语文课分长短课时，60分钟大课时用来侧重落实精读文教学，或进行需要较长时间探究的语文实践活动，35分钟的小课时用来侧重落实略读文教学。每周五第一节"主题阅读课"，采用导读、细读、分享等不同课型开展整本书阅读，每周五下午设"创新与实践"课，开展跨学科主题实践，如戏剧表演等。每天中午设10分钟的吟诵习字时间，伴随"平长仄短、依字行腔"的经典吟诵广播，学生提笔练字，传承中华文化。

以一年级某班为例：

时间	星期一	星期二	星期三	星期四	星期五
入校-7:50			晨练微课堂/阅读微课堂		
7:50-8:00			晨诵		
8:00-9:00	语言与人文（语文）	语言与人文（语文）	语言与人文（语文）	语言与人文（语文）	主题阅读
9:10-9:45	数学与科技（数学）	艺术与审美（美术）	体育与健康（体育）	数学与科技（数学）	艺术与审美（书法）
9:50-10:35	升旗		眼操　加餐　健身大课间		
10:40-11:15	数学与科技（科学）	语言与人文（英语赏析）	数学与科技（数学）	艺术与审美（美术）	数学与科技（数学）
11:25-12:00	体育与健康（运动项目自选）	艺术与审美（音乐）	语言与人文（语文）	语言与人文（语文）	体育与健康（体育）
12:00-13:35		营养午餐　午秀　吟诵习字（周三：木木秀场；周五：木木TV）			
13:40-14:40	语言与人文（语文）	数学与科技（清华少儿数学）	数学与科技（数学）	语言与人文（英语）	创新与实践
14:50-15:25	语言与人文（英语）	体育与健康（体育）	艺术与审美（音乐）	体育与健康（体育）	

4. 建立多元的评价体系

主题教学课堂评价主要通过四个维度进行，即：兴趣值（主题是否促进学习愿望）、方法值（是否从主题学习中得到启示并迁移）、容量值（是否由主题带动更丰富的学习）、意义值（主题是否促进语言、思维及精神发展）。

儿童语文素养和核心价值观，主要使用形成性（主题护照＋分项测评）和总结性（综合测评）评价。"主题护照"以"言行得体、协商互让、自律自强、诚实守信、勇于担当、尊重感恩"为系列主题，在护照中记录语文学习与实践过程。分项测评融进日常教学中，依据年级不同选择考查"演讲、朗读、背诵、写字、习作、课外阅读"等专项技能，从不同侧面全面落实学生语文能力的达成，积累"一生有用的语文"。综合测评，主要考查学生综合运用语文的能力，即"运用知识的知识"。

（三）创新教学模式

四位一体的体系是主题教学的整体框架，具体到每个"主题"的单元学习，以及每一节语文课怎样实施，建构了动态流程。

1. 单元教学：主题整合

以"主题·整合"的思维方式，改变传统教学一篇一篇教的僵化教学方式，以主题整合单元教学。

学生概览整组文章，整体感悟主题；以精读一篇带动多篇略读，在比较阅读中体验主题；补充同主题的相关读物，丰富对主题的理解；围绕主题进行诗词歌赋积累、跨学科学习和综合实践活动，在实践中深悟、践行主题。单元主题整合使学生将各个领域的学习统整到主题之下，使原本的单篇学习得到整合、篇与篇之间建立联系，避免了知识的碎片化，同时对主题有了多元建构。

2. 课堂操作，"预学—共学—延学"

具体到单元中每节课的教学，将教学过程分为"预学—共学—延学"三个基本环节。

预学：学生初步自学、整理收获、发现不懂的问题，带着准备以及对主题的预期，走进课堂。

共学：层层落实主题。注重"合作探究"，师生共同将质疑整理成"主问题串"，学生小组合作研究。在解决质疑中逐步形成对文本的独立见解，初步"生成主题"。结合预期主题，以文本内容为支撑"体验与表达主题"。注重思辨，基于学生自主质疑、教师追问，通过分析、推理、判断等思维活动，多侧面、多角度形成自己对于主题的独特见解，提升思维品质。最后"有效回应"，即对已有的体验与表达进行纠偏、引领、提升与延伸，促使其对主题深入理解，并产生学习的新期待。

延学：学生带着对主题更深层次的问题和渴望继续探究，为学生提供丰富的学习素材、多条思考与提升的途径。

以上三个环节，主题由儿童生成，儿童质疑贯穿课堂，将儿童反馈作为实践检验标准。学生理解主题的过程，也是学语习文、发展思维的过程，学生为了理解与表达主题，必须深入文本、反复研读，进行丰富、深刻的思维活动，进而组织语言、梳理思路、合作交流、恰当展现，在这个过程中学生的听说读写能力自然而然获得提高。三个环节看似简单，其中体现了儿童主体地位，学生自主、合作、探究，在语言的学习中发展思维、涵养精神，实现创生意义的语文学习。

（四）建立课程资源库

为了整体提升学生语文素养，物化各项课程资源，建立课程资源库。

1.《目标手册》

《目标手册》（获北京市政府一等奖）分为五部分。质量依据：重温课标要求。质量目标：将课标中的学段要求细化到年级，并予以具体化和校本化，让使用者有更清晰的认识。实施策略：以人教、苏教、北师大版教材为蓝本，以清华附小主题教学研究的成果和经验为依托，提供一系列落实目标的课堂操作策略。评价指南：提供分项测评的具体指标和评价量表。相关附件：提供课程资源菜单。比如其中仅"一手好汉字"部分就提供：基础字词表、拓展字词表、识字小窍门、常用字字理、书法小讲堂……《目标手册》就像一幅语文教学地图，为主题教学的实践者提供教学实施的方向、策略。

2.《乐学手册》及其他

在《目标手册》的基础上，研制每课的"乐学单"，历经三年出版12册《乐学手册》，分为：每一课的乐学目标、乐学单；对应整本书阅读的乐读单；落实专项学习的专项反馈、乐学评价单。打通课前、课中、课后的通道，为学生提供课堂学习方案，精讲精学，增效提质。同时，还研制出版了《写字手册》《作文教材》（获北京市政府二等奖）等，将《目标手册》落到实处。

四、效果与反思

在全国小语界产生持续的影响，被专家学者和同行誉为我国小学语文教学重要的流派之一。

（一）学生语文素养及核心价值观形成

（1）在语言学习与运用中促进思维与精神生长。《皇帝的新装》课后问卷反映学生"思维水平高""情感体验丰富""富有文学审美情趣"。《牛郎织女》一课上学生提出"见一面，织女就爱上牛郎是不是太轻率了？为什么是牛做媒而不是马和狗？"等23个问题，引发了对民间故事创作特点与价值观的讨论，弘扬了和谐美满的民族文化。

（2）倡导的整本书阅读及经典诵读，为儿童语文素养打下深厚的底子。清华附小学生六年人均阅读量超1000万字，积累300多篇古今经典诗文，出版《清华附小学生范文》，与曹文轩、金波、汤素兰等对话，出版《小笨狼的故事》等。

(3) 实现可持续发展。曾教六年实验班的学生，目前 60 人中 17 人出国深造，国内 6 位博士 11 位硕士。学生家长和中学教师普遍反映：附小学生心态阳光，视野开阔；实践能力强，富有创新能力。

（二）推动教师专业发展

(1) 转变本校教师——教师由思考"怎么教"变为思考"怎么学"，由学科本位转变为全面育人。学科带头人占全校教师的 55%。胡兰老师参与主题教学研究，成长为学校"1+X 课程"研究院院长，多次到教育部课改基地进行指导。清华附小教师团队 22 位骨干教师被东北师范大学等高校聘为兼职硕士生导师。

(2) 影响校外教师——以研究课、著述、培训等多种方式促进教师更新观念、专业成长。在《教育研究》《课程·教材·教法》《人民教育》等核心期刊，发表学术文章近 200 篇。出版多本专著，教育部出版《窦桂梅与主题教学》，全国馆藏量达 218 家。《听窦桂梅老师讲课》为教育部指定教师继续教育用书。中国知网搜索"窦桂梅"1000 多次，专门研究窦桂梅主题教学的有 6 篇硕士论文，1 篇博士论文。单篇论文下载量最高达 788 次，被引频次最多达 48 次。走遍全国培训数十万人次，曾应邀到日本、新加坡等地讲学。参加清华大学扶贫项目，借助网络远程为全国 500 多个贫困县一万多名教师义务授课。个人博客访问量突破 116 万人次，每年有 5000 人次以上到校听课培训。北京、江西、新疆等十几个省市教育局、学校设立"窦桂梅工作室"，成员王玲湘成为全国著名特级教师。

（三）推进学校及国家课改

实现学科内整合，创建跨学科主题课程，构建"1+X 课程"。成为国家级基础教育课程教材改革试验项目学校，召开现场会，得到教育部领导及专家高度肯定，在全国介绍经验，推动全国课改。

（四）社会反响及反思

1. 五次现场会

20多年40多节研究课，亲自执教，示范引领，自己既是研究者，也成为被研究者，召开五次现场会。

（1）2000年吉林省教育厅召开"窦桂梅教改成果展示会"。

（2）2001年作为教育部更新教育观念的主讲人之一，在人民大会堂宣讲"为生命奠基：语文教改的三个超越"。

（3）2003年北京市海淀区教委召开"窦桂梅专业成长思想研讨会"。

（4）2006年在扬州亲近母语研究中心召开"主题教学阶段研讨会"。

（5）2013年北京市海淀区教委再次举办"窦桂梅教育教学实践研讨会"。

2. 十余年典型研究课

执教时间	课 名	主题来源	主 题
2002	朋友	课题（朋友）	友情
2003	再见了，亲人	课题（亲人）	伟大的友谊
2004	圆明园的毁灭	课题（毁灭）	自强不息
2004	晏子使楚	文本词句（尊重）	尊重
2005	秋天的怀念	文本词句（好好儿活）	珍惜生命
2005	游园不值	课题（不值）	不遇中有遇
2006	村居	课题（居）	居安思危
2006	珍珠鸟	文本词句（信赖）	信赖
2007	三打白骨精	文本词句（向善）	向善
2007	牛郎织女	文本词句（美满）	美满
2007	丑小鸭	文本生成	苦难中追求梦想，幸福中心怀谦卑

续表

执教时间	课名	主题来源	主题
2008	我爸爸	文本词句（我爱爸爸，爸爸爱我）	父子之爱
2009	卖火柴的小女孩	文本生成	隐忍
2010	祖父的园子	文本生成	留住童年
2010	宋定伯捉鬼	文本词句（大善）	大善
2010	林冲棒打洪教头	互动生成	规则
2011	我的爸爸叫焦尼	互动生成	简单的表达，丰富的感动
2012	魅力	互动生成	捍卫童年
2013	皇帝的新装	互动生成	回到事情本身

3. 所获荣誉及反思

《中国教育报》七篇连载报道主题教学，中央电视台多次播放《窦桂梅的语文教学方法》，于搜狐教育年度盛典获"中国教育变革人物奖"。

被评为"全国模范教师""全国师德先进个人"和"新中国成立六十年来从课堂里走出来的教育专家"之一，提名"全国十杰中小学中青年教师"。

被聘为教育部国培计划专家库首批人选，全国教师教育课程资源专家委员会小学教育工作委员会委员……两次受党中央、国务院邀请：1998年作为科教界代表之一参加"科教兴国大计"座谈会，2014年作为基础教育界代表在人民大会堂参加春节团拜会。

……

实事求是地讲，主题教学源于实践、扎根一线，有许多待完善之处，比如：

怎样更好地运用主题教学，系统化、科学化、分阶段地建构和实现学生成长的核心价值观？

怎样指导教师在实际运用主题教学思想和策略时，更有创造性地开展工作，甚至实现进一步的超越？

从"三个超越"(为生命奠基),到"主题教学"(为聪慧与高尚的人生奠基),再到"课程整合"(立德树人)的发展历程——是我,一个语文教师从教近30年探索的历程,也是我今后提升的新起点。

如果有人问:这些年你究竟要通过主题教学做什么?我想说:我是教语文的,我是教人学语文的,我是用语文教人的……

高万祥

全国优秀教师,江苏省中学语文特级教师,江苏省新教育研究会副会长,苏州市首届名校长。2004年获《中国教育报·读书周刊》首届"推动读书十大人物"。先后任张家港一中、张家港高级中学、苏州工业园区唯亭学校和苏州大学附属中学校长。现任职于苏州工业园区教师发展中心。在省级以上报刊发表文章500多篇,出版《语文的诗意》《相约星期一》《我的教育苦旅》《高万祥与人文教育》《优秀教师的九堂必修课》《优秀教师的30本案头书》等专著,主编中小学作文教材《骨架作文》,与朱永新先生一起主编《教师第一课》。近几年,在全国30个省市作教育讲演500多场。

和学生一起分享语文的幸福

什么是语文？我以为，语文是一种快乐的分享。分享优美的文学，分享精彩的生命，分享丰厚的文化。我倡导用经典阅读培养读书人口，践行生活化创造性作文教学，主张语文学习的外延等于生活的外延，呼吁语文教育诗意和人文的回归。一切努力，都是为了能让语文成为学生终生享用不尽的财富。一切追求，都是为了让自己和学生一起分享幸福的语文人生。

语文，我的信仰

我是在1996年9月10日的《苏州日报》上见到了名字才相信自己真的评上了"特级教师"的。激动兴奋之余，在当天的日记里写下了这样一段话：

第一，感谢学校和老师，感谢各级领导和各位朋友的关心帮助。幸亏有大家的帮助，不然我不会有今天这样的成绩和荣誉。当然，也感谢自己的努力。

第二，要以此为新的起点，把学生教好，把教改搞好，把文章写好。要不断进取，不断攀登。我的目标如果不是做一位卓有建树的教育家，起码也要做一名名副其实的教学专家。

第三，有责任把张家港高级中学和张家港市的语文学科带动起来，有责任为当前的语文教改作出自己的探索和贡献。语文教学的现状从整体上来说不尽如人意，作为一个幸运的成功者，如果能帮助更多的老师和学生成功，那才是真正的幸运和成功。

我庆幸自己这辈子当了语文教师。感谢语文，感谢文学，它使我的人生更加丰富充实。

19世纪美国报业大王普利策说过："我是一个严肃的批评家，一个爱挑毛病的人。我一心想改进报纸，甚至到了疯狂的地步，这是我唯一的想法，我的想法并非为了赚钱。"在我看来，正是这种非同寻常的热情成就了普利策的事业，这是将新闻当作一种理想去实践的激情。同样，语文教育对于我来说，不仅仅是一种职业、一种事业；更重要的是，它是我的一种人生理想和社会追求。

对于语文的热爱，我虽然没有"到了疯狂的地步"，但也算十分忠诚以至痴迷。因此我由衷地希望更多的语文朋友能和我一起进行那神圣的"语文的批判"。从参加1999年4月中旬的全国"'三个面向'和21世纪语文教学座谈会"到1999年身临全国中语会第七届年会，从在北京香山"21世纪语文座谈会"上发言到在江苏徐州"全国叶圣陶语文教育思想研讨会"上提交论文，从参与广州"新语文读本"编务会议到欣逢"于漪老师从教五十周年"庆祝大会，从创办并主编同人刊物《语文沙龙》到个人专著《语文的诗意》杀青出版……每日每时，语文和学生，语文和教师，语文和社会，成了我语文生命的全部内容。

1999年11月下旬，我有幸参加了在天津召开的全国中语会第七届年会。恰逢世纪之交，又刚刚经历了一场或者说正在经历着一场举国关注的语文教学大讨论。人们完全有理由期待这次会议对大讨论中涉及的许多是是非非有一个较为全面公正的结论或交代。会上，很多人对当时的语文教学提出了批评意见，然而有人却反对这种各抒己见的争鸣。我于是放弃了原准备在大会上交流的作文话题，而作了一个也许是超越自己身份的发言——《把一个充满活力的全国中语会带入 21 世纪——参加全国中学语文教学专业委员会第七届年会有感》，赞扬了批评者的热情、能力、忧患意识和批判精神，倡导敢讲、敢听真话实话的社会良知，倡导学术上的"兼容并包"。我以为，我们应该把王丽、王尚文、钱理群等有识之士请来参加中语会这一盛会，共商语文教育事业的前途和发展；我们要学习叶圣陶、吕叔湘、张志公"三老"和刘国正等大家的教育思想；我们应该好好读一读《教育：我们有话要说》《杞人忧师》《中国语文教育忧思录》《审视中学语文教育》等著作，也应该好好听一听邹静之、童庆炳、刘锡庆、施蛰存、许纪霖、王富仁、于光远、王元化等著名学者的不同声音。这样对语文教育的发展将大有裨益。

以此次大会发言为基础的文章，后来在《语文学习》1999 年第 12 期刊出。文章发表后，在圈内引起了不小的反响。浙江师范大学著名教授王尚文先生随即给了我热情洋溢的鼓励："读《语文学习》第 12 期之大文，深契我心，欣喜异常。您说出了作为一个社会的良心、智慧的传播者、捍卫真理和神圣的人所应说的真话、实话、深刻的话，我从中看到了我国语文教育事业发展的希望，谨致敬意和谢意……下一世纪，就看以您、李海林、黄玉峰等为代表的新一代语文教育家了。对此，我充满信心。"能与心仪已久的专家同气相求，同声相应，我感到了自己存在的意义和欢欣。

春华秋实，岁月催人。在人们眼里，我也许是"一个爱挑毛病的人"，但我自信更是一个"一心想改进报纸"的人。但愿母校给我的大学精神，能为我的语文生涯提供不竭的精神动力，但愿我的学生将来也有一个永远不会忘怀的中学母校。

让学生因为语文而幸福，让语文成为学生终身的力量，我的追求是何等的沉重和艰难。因为在当前基础教育的全部现实状况中，高考制度以及相应的应试教学是最不能回避也是最令人痛心的。应试教育摧残学生、摧残老师，受害的是国家民族。高分的背后掩盖着严重的人文缺失。因此，我努力践行大语文人文教育，以"经典阅读"和"生活化作文"为两个轮子，积极行走在人文语文、道德语文、有用语文、生活语文、本色语文、民主语文的教改道路上。在帮助学生的同时，自己也尽享语文带来的欢乐。

语文，我的信仰！

为现代中国培养读书人口

语文教育的重要任务是为学生打开一个广阔的文化空间，主要途径是引导学生读书。一个人的精神发育史就是他的阅读史，经典阅读是语文教育中最有生命力的人文关怀。我有一个理想：为现代中国培养读书人口。我有一个梦想：从书香校园到书香中国！

任教期间，我组织学生阅读《论语》等中国传统经典。我把《论语》中最精彩的话语，连同当代国学大师南怀瑾解读《论语》的文字一起印发给学生。我以为，当代中国人应该好好地读读《论语》。我甚至觉得，《论语》是中国人的《圣经》。作为一个中国人，不管他是否读过这本书，甚至不管他识字不识字，身上都流淌着儒家文化的精神血液。我们的道德伦理，我们的价值判断和审美认识，甚至我们的一言一行，往往都自觉或不自觉地、直接或间接地受到孔子及儒家文化的巨大影响。从这个意义上说，儒学是人类最古老的文明源头，它完成了我们民族精神的塑造。

我以为，对于中学生来说，在所有的书籍中，不可不读的是名人传记，因为这些传记中往往记载了许多感人至深、催人奋进的事例。英国一位诗人曾这样说："人世间最珍贵最精致的主人翁精神就蕴藏在这些书本之中。这种精神给人以启示和鼓舞，这种精神横绝时空，永在人间。"那些珍藏着先人英勇业绩的书都是一颗颗极为宝贵的种子，只要把这些种子播撒在自己的心田，日后一定能生发出无穷无尽的精神力量。读贝多芬的传记，你会对他的人格精神肃然起敬，震撼于他"扼住命运的咽喉"并与命运搏斗的英雄气概和必胜信念。读毕加索的传记，你会惊叹于这位人类历史上罕见的艺术天才所富有的独特创造精神，同时也会为他始终关注下层人民的处境和全人类命运的崇高人文精神所折服。拿破仑、华盛顿、富兰克林、杰斐逊、林肯、爱因斯坦、诺贝尔、居里夫人、安徒生、贝多芬、马克·吐温、海伦·凯勒、史怀哲、特蕾莎修女、梁启超、胡适、鲁迅……这些伟大人物的传记都应该是每一位有理想有抱负的青年人的必读书目。否则，没有这种伟大情感的滋润和支撑，没有这种伟大品德的教育和鼓舞，青少年就会像没有见过阳光的幼苗一样，永远不能在精神和人格上真正挺立起来。

经常有家长问我，孩子对学习不感兴趣，孩子的语文差，怎么办？我总坚定地回答，唯一的办法是广泛阅读。当然，一定要以读文学经典作品为主。在张家港高级中学任校长时，我和语文组老师一起制定了《张家港高级中学学生必读书目》，还编辑了深受学生欢迎的期刊《大语文阅读》。《大语文阅读》的文章是由语文老师从古今中外的名著名篇中遴选的精品佳作，作为语文教材和必读书目的补充阅读。我们坚持时文和经典并重的编辑方针，培养学生的阅读兴趣，最主要的是培养他们高尚的阅读品味。事实上，每期的阅读调查显示，《最后一片叶子》《冰雪美人》《女巫的面包》《许三观卖血记》《活着》《妞妞——一个父亲的札记》《海的女儿》《小王子》《热爱生命》等都是最受学生欢迎的。《瓦尔登湖》中有一段话："两种文盲之间并没有什么区别，一种是完全目不识丁的市民；另一种是已经读书识字了，可是只读儿童读物和智力极低的读物。"这段话提醒我们要牢记做语文老师的责任——引导学生阅读经典文学作品，让学生实现真正的阅读。没有传统经典名著和现代优秀文学作品的阅读，只能是假阅读、伪阅读、反阅读；没有实现真正阅读的人，一定会患上精神软骨病或精神侏儒症。

我倡导中小学生要多读一点诗歌。我爱文学，特别爱诗歌。从屈原、李白到莎士比亚和普希金，从郭小川、舒婷、西川、海子到裴多菲和雪莱，大学和大学以后，我不知读了写了抄了背了多少中外诗歌。诗滋润了我的爱心，培育了我的正义之心和批判情怀。2002年我把自己的语文专著定名为《语文的诗意》，在我看来，诗的本质是创造，"语文的诗意"便是语文的创造。语文要奏响学生心中诗的琴弦，使他的求知欲、好奇心、活跃的思维和鲜明的想象得到发展。语文教师应该是一个"种诗"的人。中国是诗的国度，更有诗教的优良传统。"不学诗，无以言"，诗可以"经夫妇，成孝敬，厚人伦，美教化"，诗歌濡染了一个独立于世的伟大民族和这个民族的伟大历史。中国诗歌文化的渊源是《诗经》《楚辞》，发展的高峰是唐诗宋词。中国教育有世界上最好的诗教传统。当年，在我的倡导下，张家港高级中学开设了一门最重要的校本课程——"古诗两百首"。我们要求学生在三年高中阶段必须读背两百首古典诗词。我们有教材，有课时安排，也有考核。这项工作也许和高考没有直接联系，但我坚信这项工作在维护着诗性文化的发展，而诗性文化的消亡会导致一个民族情感的匮乏和创造力的泯灭。

作文是一种伟大的能力

我申报特级教师上交的论文和课堂教案及其他业务材料，清一色都是关于作文教学的。现在回想起来，我是从一个"特色教师"到一名"特级教师"的。因为我以为中学语文教学是中小学各科问题最大的学科，而语文教学最薄弱也最重要的是作文教学。

中国是一个读书的大国，然而当代中国人普遍不读书。中国是一个诗歌的大国,然而当代中国社会诗意荡然无存。中国是一个文章的大国,然而今天的中国公民却普遍不爱也不会写文章。如果说眼下全国的中小学生大多怕写作文,也许并不夸张,怕的事情怎么能做好!为什么怕?因为作文脱离生活,脱离"表达自己的思想"这一人类的基本需求。

教授写作知识,讲解章法结构,训练技能方法,一句话,脱离生活忽视内容更不顾如何做人的"写作技术主义"误导了学生几十年。犹如要学生在岸上学游泳,在教室里学打球,于是一听到作文,学生便本能地产生强烈的反感和莫名的恐惧。然而,为了任务,为了老师,更为了考试,又不得不硬着头皮去写。于是,正襟危坐,无病呻吟,编造故事,不得已用谎话来糊弄一番赚个分数。这样写作文的过程便如肚里没有孩子而硬要生出孩子一般痛苦。

有没有让学生都愿意写、乐于写的作文方式?多年的实践给了我自信。在我的作文课堂里,学生们再也不会一提到作文就痛苦不堪。每次作文,他们或激动或兴奋或高兴,都希望能在我的指导和帮助下,写出自己的故事、自己的情感、自己的思想。于是一周一次,作文成了同学们的一种期盼、一种欲望。有一次听说本周"作文暂停",大家便群起而攻之。"高老师,你来上作文课吧!""高老师,作文课不能不上,写得少,我们的作文水平哪能提高呀。"还颇有点要"造反""起义"的味道呢。

我的作文教学以思想训练为主,以内容题材为主,高度注重生活和思想交流,高度重视语言的表达交际功能,提倡为生活而写,为人生而写,让学生在写作中学会思考,学会表达,学会生活,很受学生欢迎。

比如高一新生开学第一学期,我先让学生进行口头自我介绍,然后写《自说自画》。几个星期后,写班级调查。接着又进入一个小单元是写同学,我要求每一个学生写每一个学生,不要"长篇"和"完整",但一定要抓住一点写出个性,如外貌、个性、特长、语言等。

结果令我喜出望外,因为题目出到了学生的心坎上,他们的笔下流淌出的是如此精彩鲜活的话语——

黄滨彬:你一直微笑的脸庞中到底藏不藏刀?

虞诗楠:你的缺点让人头疼,但你的优点却也是别人所不能企及的。

闻静远:作文九段闻静远。

赵　勇:我班又一位才华横溢的人,具有邓小平的身材,周恩来的口才。

钱秋晨:具有领导才能,在她身上初现"当代刘备"的影子。

(黄滨彬)

闻静远:坦坦荡荡粗犷的脸上带着几分北方男子的气息,四肢发达容易被骗。

周　颖:语言幽默生动,乃马季传人。

沈　庆:看到他我几乎惊呆了,鲁迅复活了。

俞　洁:她灿烂的笑容能让人永远留恋。

秦黛洁:将是21世纪的余秋雨,这只需时间来说明。

汤筱华:在她心中没有欺骗一词,实事求是是她最伟大的优点。

(杜　巍)

张　健:全班57位同学中,他最具备领袖气质。你第一次见到他时定会觉得:这人真是相貌不凡!他是一个坚持原则的人,也是最值得信任的朋友。

赵　勇:如果有人说:"有只老虎跑到校园里来了。"相信这话的人或许全校只有赵勇一个人。如果你对人说:"请你去珠峰山顶为我取一杯温泉水来,好吗?"全世界大概只有赵勇会说:"好的,我马上去。"他真是个老实人。

杜　巍:如果武松打死了一只老虎,他会对别人说武松打死了一头大象。他的嘴巴是事实的放大镜。

朱　亮:眼神总是不知所措的样子,他总是喜欢人云亦云。大概他的个性就是没有个性。

（闻静远）

我在全校教师大会上对学生们的习作作了介绍。我说，我写不出这样的句子。

我的作文教改改变了沉闷的中学写作状况。我的成功不仅仅表现在培养了一些写作尖子，更让我高兴的是，我班上的学生都不怕写作文，都喜欢上我的作文课。学生们在作文中写道："作文一直是我最讨厌的事情，可是进入高中后，一切都变了，在高老师的指导下，我感觉豁然开朗了，眼前的一景一物都充满了生机和活力。""作文课上，我们的思维一下子活跃了起来，原本枯燥乏味的东西，像有了色香味的一道美味佳肴，品尝起来也是香喷喷的。""最喜欢上高老师那生动有趣的作文课……"我自己也先后发表了几十个生活化作文教案和十多篇相关论文。并且，让我高兴甚至有点意外的是：我第一次申报特级教师就成功了，当时我还是45周岁以下，不占地方指标的破格评审对象呢。

我从小就热爱写作，憧憬文学创作。在我看来，世界上最美丽的境界就蕴藏在文字之中。后来读到《什么是教育》中的一段话——"通过语言，人可以创造一个世界，因此在人和周围的存在之间，增加了一个由语言所独创的世界"，感觉特别亲切。我还一直记着法国哲学家萨特的话："你如果能将正义变成热血的文字，那么你的笔就胜过千万把刀剑。"自从当上了语文教师，我便对作文教学特别钟情和投入，我对学生说得最多的一句话便是：作文是一种伟大的能力！

语文学习的外延等于生活的外延

语文学习的外延等于生活的外延。我向来主张生活化大语文教育。日记写作、聆听窗外声音、影视欣赏、校本阅读，便是我践行这种语文教育理念的代表性行动。"生活语文"在拓展语文教学空间的同时，更有利于激发学生对语文的热爱，培养他们对语文的兴趣。

（一）日记，高中生活的一千零一夜

我十分熟悉苏州的文学少年朱墨。在朱墨的第一本日记体散文集《老虎拉车我敢坐——一个小学生眼中的缤纷世界》出版以后，我曾有机会通读了他小学时代的全部日记。我越看越高兴也越看越惭愧。在为朱墨和他的父母高兴之余，一种强烈的内疚遗憾之感油然而生。因为无论作为父亲、作为教师，还是作为校长，在自己女儿和学生的教育管理上，我都应该谴责自己没有重视培养他们的"日记"写作。

2001年暑假，初中毕业升入高中的时候，朱墨又为大家捧出了更为厚实精彩的第二本作品集《我和老爸是哥们》。现在，朱墨经常有散文随笔见诸报端，文笔之蕴藉老到，陌生人恐怕绝不会相信这出于一个少年之手。正是从那时开始，我下决心抓好我校同学的日记写作，很快，全校每天15分钟的"日记课"终于作为校本课程取得了"法定"地位。

提倡写日记，把作文放在最真实、最深厚、最鲜活的生活基础上，能让学生消除对作文的畏惧之感，觉得作文原来是如此轻松、如此自由；甚至能让一部分同学逐渐觉得，每天写日记，如同吃饭睡觉一样，是一种生活的需要。这实际上就进入了一种很理想的写作自在境界。生活日记、观察日记、实验日记、修身日记、读书日记、游览日记、交往日记、创造日记……"吾日三省吾身"，作为中小学生，只要你具有生活的慧心慧眼，日记之泉自会汩汩而出。它可以保持你的好奇心和新鲜感，它能使你的生活同时变得丰富起来、精彩起来。

（二）聆听窗外声音

让师生聆听窗外声音，增长知识，拓宽视野，感受校园风云，接受精神哺育，这是我校大语文人文教育的一门传统课程。

与大师对话，带着愉悦的心情学习他们先进的现代教育观念和教育思想、教育哲学和教育原理、教育科学的成果和经验。我们约请一个个学者大师来到校园，走进每位师生的心中。

聆听窗外声音，让大师的思想哺育下一代，用名人的智慧激励下一代，以专家的人格影响下一代。学校不应该只是传授知识的工厂。校园要与社会血脉相通。真正的语文教育要把和生活密切关联的习俗的、情感的、价值的东西引进学校和课堂。

几年中，在我的邀请下，周德藩、阎立钦、朱小蔓、曹文轩、余杰、莫言、刘京海、袁振国、成尚荣、陆志平、杨九俊、任小艾、严文藩、王栋生(吴非)、王晋堂、李镇西、冯恩洪、魏书生、李燕杰、霍益萍、顾泠沅、朱泳焱、傅东缨、李希贵、洪宗礼、于漪、陈钟梁、范守纲、黄玉峰、叶永烈、何祚庥、萨夫琴卡（乌克兰全乌苏霍姆林斯基研究会会长）、哈依鲁莲娜（乌克兰苏霍姆林斯基实验学校校长）等作家、学者和语文名师，都先后来到我工作的学校和我的语文课堂。

（三）影视欣赏：精神的盛宴

尽管我反对学生多看电视和沉迷电视，但我也知道，在人类文化的普及历史上，电视功不可没。自从美国的兹沃尔金发明传送器和接收器开始，电视便使原本灰暗闭塞的世界变得透明和亲近了。秉持变拒绝为"拿来"的观点，我们把影视欣赏作为学校的校本课程之一，每次周末就是学生盛大的节日，有时我们会请市影剧院放映经典影片，组织同学们观看；更多的影片是由学校网络中心组织在我校学术报告厅放映的。

影视是一门综合艺术，它以语言、动作、画面、旋律等有声有色的感性材料为艺术媒介，更具有直观、生动、形象的特点，能直接切入学生的感知层，有利于精神和艺术的熏陶渐染。同时影视阅读教学也由原来单一的文本阅读教学走向网络时代的视听阅读教学，构建了语文教学多维的艺术空间。影视欣赏课程既是张家港高级中学的校本课程，也是综合课程，它使课堂教学延伸拓展，与课堂教学相辅相成；它能激发兴趣，开阔视野，培养学生的认知、交往和审美能力。这道校园精神系统的风景线，对于培养具有综合素养的人起着不可替代的作用。

（四）校本教材：语文教育中不可或缺的爱

解读校园文化、图文并茂且正式出版的书籍《好望角》，汇编学校制度和优秀学生事迹的读本《为人生奠基》，都作为校本教材，为学生及时传递着不可或缺的校园之爱。我有一个愿望，十年或二十年后，我们的学生也许会把中学时代的许多东西都遗忘，但永远不能忘怀的是高中时的校本课程；也许会把中学时代的许多书籍都遗弃，但永远不愿离身的是中学时代的校本教材。

"生活语文"拓宽了语文教学的渠道，并很好地调动了学生学语文、用语文的积极性。激发学习兴趣，不仅是教学成功的保证，而且是真正的道德教育，是真正有道德、有人性的教育。胡适说："真正的道德教育在于使人对于正当的生活发生兴趣，在于养成人对于所做的事发生兴趣的习惯。"学生缺乏学习兴趣，是语文教学最大的敌人，因此，优秀语文教师最大的本领是激发学生对语言表达的兴趣，是培养学生对语文和文学的热爱！

相聚在"语文沙龙"

"张家港市语文沙龙",三个名词连在一起,便诞生了一个新的名词和新的实体。1999 年 11 月 3 日下午,大家相聚在张家港市第一中学,带来了热情,带来了追求,也带来了依稀憧憬和忐忑不安的心情。沙龙以文会友,以书交友;政府组织,学科活动;重在参与,过程就是目的。我们感谢市教育局对语文的重视,从教育局局长董华、分管副局长李宏平,到具体操办执行的有关领导,都对"语文沙龙"的建立倾注了很大热情,发文件,拨经费,给我们鼓励支持。我们深知,机遇和挑战并存,困难和希望同在,唯有行动才是最好的表态和回答。

我们又创办了刊物《语文沙龙》。区别于为教学技术主义和功利主义服务的刊物,《语文沙龙》立足于时代看语文,立足于人的发展看语文,以大语文、大教育、大文化为办刊方向和追求,构筑了一座观念交流的广阔平台。

我和小学语文特级教师、时任张家港市实验小学校长的李婧娟共同主持的"语文沙龙",不同于一般的语文教研组织,其活动内容也不同于一般的语文教研活动。它以思想碰撞、观念更新为己任,以讲座研讨和写作交流为主要存在方式。于漪等名师为"沙龙"开设的专题讲座,让我们每每如坐春风。成尚荣、杨九俊、张俊平、王栋生、王写之等专家出席的专题研讨会,给我们带来了冬日阳光般的温暖。时任苏州市副市长的朱永新先生多次在讲话中肯定和赞扬"语文沙龙",给大家带来了极大的安慰和鼓励。"沙龙"成员之间的交流切磋和亲密交往,为大家的语文教学生涯提供了难得的精神盛宴。大家在"沙龙"中快乐地成长。从"沙龙"走出的袁卫星,已成为教授级高级教师和苏州市教科院高中语文教研员,特级教师蔡明成为张家港市教研室领导,袁建中、曹国庆、蒋俊兴、孙艳、钱爱萍等都已先后评上了省特级教师。作为"沙龙"盟主,我分享着他们的快乐,也感谢大家给了我永远难忘的生命财富。2013 年 11 月

16日,"语文沙龙"又在阿西(曹国庆)做校长的张家港市崇真中学欢聚。整整14年过去了,青春不再,韶华不再,但笑容还在,热情依然,憧憬依旧。经袁卫星提议,大家都赞成要编辑出版一本"沙龙"龙友的文集。书名来自阿西的灵感——《因为语文》!

2013年9月,我协助苏州工业园区中学语文教研员、我的忘年挚友徐飞,组织了园区中学语文教师读书沙龙——"玖玖雅集"。纯民间,松散型,十二三位真正爱读书的语文同仁,每月一次相聚聊书交流。我专门作了《玖玖雅集,心灵回家》的贺词:"玖玖雅集,久久相知相聚相守。雅集之雅,因世俗之俗而来。书之雅,人之雅,更是思想精神人生性情之雅。没有俗气,没有市侩,没有功利,没有短视肤浅,没有为五斗米折腰低眉侍应试之怯懦。雅集之集,不啻聚集、聚会,更是心灵碰撞,精神交流,良知集结,友谊凝聚,教育峰会,生活和人性的博览。雅集因教育生成,因读书聚缘。你是土著,我是移民。山东人山西人,河南人河北人,我们都是苏州人,我们都是读书人。……因为读书,拥有了诗心诗意和大爱大恨的真性情;因为读书,拥有了圣贤精神、家国情怀和社会担当。玖玖雅集,心灵回家!"

志趣投合的语文同道聚在一起,是生活中最温暖的幸福时光。从教以来,在张家港市第一中学、张家港高级中学、苏州工业园区唯亭学校、苏大附中和苏州工业园区第六中学,我先后收了好几位语文徒弟,开展教学相长的导师制活动。现在,伴随着我的文章、书籍和讲演的传播,全国各地又有更多年轻的语文教师和我组成了组织上松散而情感上紧密的"语文沙龙"。其中,一小部分铁杆粉丝几年如一日地不断和我进行交流切磋。"高老师,您是我们的精神引领者。昨天的报告,好几次让我热泪盈眶!感动于您的执著,感动于您的热情!""昨天在宜宾听了您的讲座,受益很多,您说出了一个敢于坚持教育理想的教育家的心声……""让您辛苦了,我们语文老师反响非常强烈,都说从未如此有收获、受震撼,都希望您下次一定要再来!""看您的书,我常常热血沸腾……我觉得您的文字平实而睿智，观点独到却不做作，主张可行却不陈腐；感觉您很渊博，却又一点儿都不端架子……读了之后能感觉高老师在行云流水般的文字中蕴藏的大气。"真让我感动不已！这是语文同仁对我的鼓舞和激励，这是语文给我的人生带来的阳光和幸福。"君子务本，本立而道生"，也许，产生心灵共鸣的不仅仅是语文教学中那些属于"器"之层面的东西吧！

管建刚

江苏省特级教师,2008年度全国"推动读书十大人物"之一。《小学语文教师》《语文教学通讯》《小学教学》《小学语文教学·人物》《小学创新作文》等封面人物。著有:《我的作文教学故事》《我的作文教学革命》《我的作文教学主张》《我的作文训练系统》《我的作文教学课例》《我的作文评改举隅》《我的作文教学六讲》《不做教书匠》《一线教师》《教师成长的秘密》《一线表扬学》。

我这样让学生迷上作文

一、我是管建刚

1991年6月30日，毕业的日子，我没急着去找工作，我急着去生病了。1991年6月19日，上铺的兄弟说：你脸色不好，生病了吧？那段日子，我神思恍惚，兄弟一提醒，我才想到可能身体出问题了。一查，医生说要住院。

一天，主治医生朝我妈招手。人在两种情况下，特敏感：第一种，谈恋爱，男朋友对另一女孩子多看了两眼，心里就打翻了醋罐子；第二种，生病，生那种要死要活的病。生病的我，很敏感，凝神暗听，听到了医生说的，后从我妈口中得到证实的话："大妈，你家里还有没有别的儿子？"

一年后，病恹恹的我，去上班。对于一个生病的人，健康是他最大的愿望。我对自己说，教书可以马马虎虎，养病非得认认真真。病，我养得很认真，很专业。专业到什么程度呢？给自己熬中药，找偏方，学针灸，往自己屁股上打针。身体养好了，我开始经商，经了三年的商。我生病，我爸只想儿子身体好。儿子身体好了，我爸想发财了，跟两人合伙办了个小厂，半年没弄出一个产品。钱不断被砸进去，补窟窿似的砸进去。出不来产品，三人见了面，不商量办法，光互相埋怨，光吵架。有一天，三人架都懒得吵了，破天荒地达成了协议：三个中国人是条虫，一个中国人是条龙，把厂子转给一个人吧。转给谁？谁都不要。怎么办？摸签。

一摸，我爸中了，中了十多万的债务。那一年是1994年，一个老师不吃不喝，也得还上20年。当天晚上，我妈就哭了。第二天早上，我看见我爸，40多岁的人，突然间，腰塌下来了。

我说："爸，我帮你干。"

干了三年，债还得差不多了。1997年底，我面临一个选择，要么好好做老师，要么好好经商。我举棋不定，一家人举棋不定。我妈的一句话，彻底解了大家的结："建刚，你身体不好，要是你哪天旧病复发，不做老师，没了公费医疗，你怎么办？"那个烂摊子也基本收拾好了，全家达成一致：建刚，你好好做你的老师吧。

二、居然做了语文老师

不少语文老师，知道有个管建刚，看过他的文章，读过他的书。2005年至今，我出了11本书，这些书，大家都蛮喜欢的，每一本都在重印。

或许你会认为：管建刚，你那么能写，教作文、研究作文，应该嘛。

我是农村孩子，小学时，我不知道除了课本，还有报纸、杂志、课外书。读师范时，教语文的张老师问："最近看什么书？"我说我不看课外书。张老师很不信，那会儿，考上师范，农村户口就可转为吃皇粮的城镇户口，因此师范学校的分数线很高。高考总分640分，我考了584分，失了56分。巧了，语文一门失了28分，英语、数学、化学、政治、物理，一共失了28分。语文，120分的试卷，考了92分，这也是我读书时代最好的语文成绩。我老老实实地跟张老师讲："我不看课外书的，我也没有课外书。"

我只想做数学老师。我当语文老师，纯属意外。师范毕业前夕，我生病了。

病了一年，才去村小报到。村校长说："小管，你教二、四年级数学。"

我身体不好，从来没教过书，一下教两个年级，怕吃不消，便跟村校长商量："我们都是一个村的，您知道我的身体不太好。您看，能不能让我教一个班？"

村校长反过来跟我商量："小管啊，你要教一个班，那谁教三个班呢？我们村小，一个萝卜一个坑啊。"

我当时唯一的念头是好好儿活。被逼急了的我，撂下了一句狠话："校长，您真要我教两个年级的数学，那我只能这么干了，我教一个星期请假一个星期，再教一个星期再请假一个星期……"

村校长也蒙了，呆了一会儿，说这事他也做不了主，要向中心校请示。第二天，村校长给我答复了："小管，中心校同意你教一个班了。不过，不教数学，要教语文了，五年级语文，兼班主任。"

半学期后，同事之间混熟了，有人爆料道，教两个低、中年级班数学的工作量，等于教一个高年级班语文兼班主任的工作量。我之前哪知道呢。

三、我爱上了作文

1998年的春天，比以往时候要来得更早一些。村小没什么活动，中心校又那么远，懒得管你。不做生意的我，安心做老师的我，很空闲，很舒坦。初春，乡间小路，我居然有了点诗意，拿起笔，写了一篇文章，投给了当地的《吴江日报》。

办公室里，除了我，都是民办老师。一民办老师，姓王，办公桌靠门口，邮递员骑着自行车来，报纸往王老师桌上一放。《吴江日报》，王老师先睹为快。1998年3月的某天，王老师又看起了《吴江日报》，看着看着，他猛地一拍桌子："今天奇了怪了！"

我们盯着王老师，等他开讲。王老师不说，拿着《吴江日报》向我走来，边走边嘀咕:"小管,小管,今天奇了怪了,《吴江日报》上有一个人的名字,跟你一模一样!"

我一看,"管建刚"三个字,再一看题目《三月》,我写过。快速浏览,我写的。我跟王老师说:"王老师,是我写的,这个管建刚就是我。"

王老师不动声色地乜了我一眼,那眼神,我一辈子都不会忘记。下班回家的路上,我满脑子都是王老师的眼神。我发誓:一定要再写一篇,发表出来,让王老师看看。题目我已经想好了,叫《四月》。

3月里,我写了篇《四月》,寄给了《吴江日报》。4月5号,王老师没有动静。4月10号,王老师没有动静。4月15号一过,心渐渐疼痛起来。4月20号,心渐渐绝望起来。4月25号,死的心都有了。4月27号,"可爱"的王老师终于又拿着一张《吴江日报》,款款向我走来,我的心突突地乱跳,就像当年心仪的女生向我走来。

"小管,今天《吴江日报》上的文章《四月》,这个作者管建刚,还是你这个管建刚吧?"我的心头一阵狂喜,却强压下来,淡定地说了四个字:"正是在下。"

我一鼓作气写了《五月》《六月》《七月》《八月》《九月》《十月》……反正,我把12个月写完了。

很多人说,作文要"多读多写"。且不谈"读多少算多读"。多写?我写得一点也不多,一个月写一篇,到《八月》,自己感到有了飞跃;把12个月写完,别人都说我有了飞跃。一年里,两次飞跃。写作文,不用那么的多,却可以那么的好。

"十二月"的发表,是我生命中的重要事件。假如《吴江日报》没有发表我的《三月》,没有发表我的《四月》,没有发表我的《五月》……我就不只成长得没这么快,很可能根本就没有今天的管建刚。

发表,让我不知疲倦、乐此不疲,写啊写。

后来,我看了潘新和教授的《语文:表现与存在》:

"这种发表的意识，言语表现，言语上的自我实现的现象，要先于写作的行为技能深深根植于学生的大脑。""如果作文教学从一开始就不断地强化学生的发表欲，这对于他们写作上的成材必将大有助益。""发表，是言语学习的'成功'教育，它给人以'高峰体验'，它会影响人的一生。一旦习作成为指向发表的写作，成为学生自我表现和个性发展的主要形式与方式，学生通过文章的发表，源源不断地获得写作的动力和能源，写作教育就将形成一种良性发展的内在机制。"

后来，我看蒋方舟的母亲回顾蒋方舟的写作成长的话：

"一个合格的作文指导老师不应该把力量都放在'指导'学生如何写作文上，他至少应当分出一半力量来，研究一下，如何'发表'这些作文。""只要公开发表一次，就会改变他对写作的态度和价值的认识。"

作文和发表的关系，太密切、太迷人了。什么关系呢？婚姻关系，血缘关系。跟"发表"割裂开来的作文教学，那是"破坏婚姻"的作文教学，"割断血缘关系"的作文教学。你说，哪一个写作文好的人，却从没发表过文章呢？

课程标准说，要让学生懂得"写作是为了自我表达和与人交流"。然而，无数的语文老师，把这句话当成虚无缥缈的理论。无数的学生不知道作文是用来"与人交流"的，只知道是用来交作业的。

离开了发表，作文的"用笔说话"的功能，不说丧失殆尽，至少损失大半。有了"发表"，作文就能真正实现"与人交流"，学生作文才是真作文，而不是"写作业"。

以我的经验来看，公开发表一次不够，最好一个月一次。刺激的频率，达到一定的"度"，效果才好。然而，一个班上，好几十个学生，怎么可能做到人人发表，人人每个月都发表呢？

四、我办《班级作文周报》

1999 年 8 月,我调到了镇中心小学。中心小学有微机房、打印机、印刷一体机。我想明白了,可以用现代科技,办一张像模像样的"作文报纸"。一期周报,能发学生作文一万字。学生作文,每篇以 600 字计,一周可发 17 篇。一个月 4 个星期,可以发 68 篇,一个班 50 个同学,一个月平均每人可发 1.3 篇。有了 1.3 篇的发表刺激,学生作文的动力就会源源不断。

《班级作文周报》(以下简称《周报》),受到了同学们的热烈欢迎。有两个故事可以证明。

2000 年 3 月初,第一、二期《周报》出炉了,我却生病了。两星期后,我出院,学生带了礼物来看我。礼物用旧报纸包着,好大一个球,我猜,是一个大西瓜。很感动,3 月的西瓜,很贵。旧报纸一层一层剥开,球变小了,成哈密瓜了,也不错。旧报纸再一层一层剥开,球更小了,成苹果了,嗯,难得学生一片心意。旧报纸继续一层一层剥开,球没了,苹果没了,只剩下两张纸,那是我住院期间,学生自己选稿、自己排版、自己出版的两期《周报》。

学生严九元,个子不高,好斗,又斗不过人家,小脸总红一道、青一道的。那会儿学校没有食堂,学生自带饭菜,由学校给热一下,拿回教室吃。不少同学拿了旧报纸,垫在课桌上,再吃饭。一个男生没有旧报纸,顺手拿了我们的《周报》,垫着吃饭。严九元见了,很生气,不许那男生用《周报》垫底。那男生自知理亏,取出了《周报》。严九元收回《周报》,看到上面有油渍,勃然大怒,要求男生擦掉上面的油渍。油渍怎么擦得掉呢?严九元不依不饶,两人打起来了。这次打架,得到了全班同学的拥护。

怎么办好《周报》呢?

第一步,我取消了所谓的"大作文""小作文"。有年轻老师说:管老师,你真牛,你可以这样做,我们不能啊,教导处、教研室要检查的。我刚做的时候,一边让学生写大作文、小作文,一边办《周报》。为了应对检查,让学生将发在《周报》上的作文，抄到作文本上，我再写一点学生基本不看的评语。"戴着镣铐"跳了一年的"舞"，校长见了，觉得这小子手上、脚上戴了镣铐，还能跳得有模有样，如果放开了，一定更有看头，于是对我说："管建刚，你就按自己的那一套做。"

常有老师抱怨，学校不给我空间，我怎么做教育改革啊。做教育改革，要争取空间。这个"争取"，不是用语言，而是用行动。你认认真真、踏踏实实地做，做到校长、教导处看不过去了，自然会给你松绑。你要忍受得了没有空间的那段日子。很少有这么好的好事，学校把一切的空间都给你预留好了，让你去改革。那一定是你前世修来的好福气。反正，我是没有。

我给学生准备了小本子，32开的小本子。周一到周五，写"每日素材"，每天用三五句话，记录当天最生气、最苦恼、最委屈、最烦心、最悲哀、最痛苦、最快乐的一件事。我称之为"最材料"，"最材料"里，负面情绪居多。告诉你一个写作的秘密，一个人写自己的悲伤，比写自己的快乐，更容易。一次，著名动物小说家沈石溪先生来我们学校。我问他，小孩子该写什么。沈先生立马回答我："让孩子写自己的委屈、烦恼。"

第二步，周一到周五，学生积累了五个"素材"，双休日就一个作业：从五个"素材"里，挑选一个写成一个稿件，或挑选两三个相关联的，写成一个稿件，下周一，向《周报》编辑部，也就是向我投稿。

第三步，周一学生给我投稿，看着不错，就盖一个章，叫"初选录用章"。我不写评语。一个老师认认真真写评语，一定有效果。读师范三年级时，陈正南老师教我们，我的一篇作文，陈老师的评语比我的作文还长，无地自容啊，印象太深了。我做不到陈老师那份上，只好另想他法。见到"初选录用章"，学生会拼命修改。一个班45个同学，初选录用的有30个，第二天，我会根据学生的修改情况，从30篇"初选录用"作文里，终选录用十六七篇，盖上"终选录用章"。

学生看到"初选录用章""终选录用章"，激动着呢。中国真是一个盖章的社会啊。终选录用的同学，会收到一张用稿通知单，由小助手填发。班上的同学，人生的第一张用稿通知单，大都是从我这里获得的。

五、我的"作文动力"第一招

两个月，事物的新鲜劲一过，学生蔫了。兴趣很重要，还有比兴趣更重要的，那就是兴趣的保持、维持、巩固。巩固一年、两年、三年，需要意志——写作意志。所以说，比写作兴趣更重要的，是写作意志。怎样锤炼学生的写作意志的呢？

第一年，我采用"等级评奖"。学生在《周报》上发一篇作文，我奖一张卡，叫"刊用纪念卡"。卡，就是名片纸，在我们那里，八分钱一张。起初，我一个人做，买一面空白的，签个名就行了。"卡"上有图案：摩托车，小汽车，大卡车……学生收集我的"刊用纪念卡"。

人，都有"集"点什么的愿望。收集的欲望强的，就成了收藏家。小时候，我集过两样东西，一样东西时间长一点，一样东西时间短一点。短的那样东西叫糖果纸，我发现，这是女孩子干的事，就免费送给了一个女孩子，搞得那女孩子很激动。我集的第二个东西，是香烟壳。这是男孩子干的事。每次上街，我的眼睛就瞄准垃圾桶，看里面有没有香烟壳。看到前面有个人手里捏着一个烟壳，我会紧紧跟随，他一扔，我一个箭步蹿上去，抓起来就走。上街，我就干这个事。

学生们也有搞收集的，集什么？方便面里的卡。到什么程度呢？买了方便面，光拿里面的卡，面呢，给同学吃。同学不要吃，就扔垃圾桶了。批评也没用。我呢，让学生转换"收集"点，收藏我发的"卡"。

学生集了卡，有什么用？三张卡，可以换一个称号——"作文新苗"。再集五张卡，换第二个称号——"作文小能手"。作文小能手再集七张卡，换第三个称号——"班级小作家"。《周报》有四个版面，班级小作家能出"班级小作家专栏",一整个版面都是他的。出两个专栏,可得本学期的最高奖——"班级诺贝尔文学奖"。"班级诺贝尔文学奖"获得者,能出"个人专报",一整张报纸,全是他的作文。以前的《周报》,主要在班内发行,"个人专报"加印100份,面向全校发行。

德国有个教育家第斯多惠说:"教学的艺术不在于传授本领,而在于激励、唤醒和鼓舞。""等级评奖",就是要唤醒、激励、鼓舞学生去写作文。

六、"作文动力"第二招

一年后,我教五年级。五年级,"等级评奖";六年级,怎么办?我想了一个法子——"积分活动"。

什么"积分"?学生的作文,500字就是500分,800字就是800分。在电脑上用"字数统计"工具,很容易统计。"积分"有什么用呢?积2000分,可被评为"魔法作文学徒·童生";再有2000分,评"见习魔法作文师·秀才";再有2000分,评"经理魔法作文师·举人";再有2000分,评"高级经理魔法作文师·贡士";再有2000分,评"大魔法作文师·进士";再有2000分,评"魔导作文师·探花";再有2000分,评"首席大魔导作文师·榜眼";再有2000分,评"首护国作文师·状元"。反正,2000积分是一个档次。

这个活动,别称"考状元"。学生考上了"状元",手里还有积分,不要紧,再搞几顶"官帽":2000分,换"作文魔神·大学士";再有2000分,换"作文领袖·翰林文圣"。如果学生手里还有积分,就评他个"地球文圣",实在不行,"太阳系文圣""银河系文圣",都可以。

我有一个观点,小学老师最重要的基本功,不是"三字一话",而是"哄孩子"的本领。你能哄得孩子整天围着你转,你就是一个出色的好老师,哪怕你的普通话比管建刚还普通,你的中国字比管建刚还不中国。

积分换"称号",不是我最得意的。我最得意在哪里呢?是在"基本分"的基础上，出台了"扣分"。

《周报》有四个版面，班级里分成若干个四人小组，一个小组负责一期《周报》，负责挑上面的错别字、病句。《周报》上的作文，一个错别字扣十分，一个错标点扣十分，一个语病扣20分。四人小组挑错扣齐了1000分，则1000分归四人所有，每人拿250分。四人小组看《周报》、挑错，那眼睛瞪得，自然比张飞还大。小作者呢，当然不希望被扣分，要想不被扣分，只有老老实实、认认真真地改。

周一、周二，宣布录用作文，周二、周三放学回家，学生自行输入电脑，发给我。周四，打印一份样报，小助手剪开来，发给小作者校对、修改。周五，《周报》要出版了，绝大多数的小作者都会用心修改。毕竟煮熟的鸭子飞了，终究是一件令人沮丧的事。

我的学生，周一到周五，写"每日素材"，三五句话，五六句话而已。一个星期写一篇作文，向《周报》投稿。不少班级的学生作文，写得比我们多，效果没我们好。原因是，我们班"多改"了。学生要想在《周报》上发表一篇作文，要经过以下的"改"：

（1）双休日写好稿件后，要写"自荐"。自荐语，开头统一为"亲爱的管老师，我希望你录用我的作文"，每个学生都这么写。你一看，心头舒坦，咱要学会给自己找点儿乐子。后面写三个原因：

第一，写作文有多少字。作文，我有字数要求。四年级新接班，学生说：上学期老师要我们写300字。我说：管老师只要你们写280个字。一个月后，我会提高到290个字，每个月提高10个字。一个月写四篇作文，相当于每篇作文提高2.5个字，这点都做不到的话，学生自己都过意不去了。但两三年下来，那可不是小数字。

第二，写查出了多少个语言病，如"关联词"病、"我"病、"我想"病，等等。一个也没查出来，就写：查出了0个"关联词"病、0个"我"病、0个"我想"病等。至少要把学到的"语病"的名称写一遍。

第三，写"稿件背后的故事"。学生的作文，一般星期一"初选录用"，星期二"终选录用"；特别好的，星期一直接"终选录用"。直接"终选录用"的，有两种情况：一是作文写得实在太好了，二是"自荐语"的第三点感人。有个同学写："管老师，这篇作文写好后，我去挂水了。挂水的时候，我带了稿子去。我用左手挂水，右手修改作文。"直接录用。我对大家说，我看的不是他的作文的水平，而是他的作文的态度。谁有这么好的作文态度，他的作文也能被"直接录用"。态度是可以转化成能力的。经常这样表扬，学生就会形成优秀的价值取向，以写好作文为荣，以写好作文为第一价值取向。

（2）周一早上的晨读时间，同学互改作文，写"互荐语"。晨读一过，就要投稿，很有紧迫感。作文的好坏，不是由作者说的，而是由读者说的。"自荐"不用写自己的作文有什么好，而"互荐"可以。当然，伙伴认为作文不好，那就写出不好在哪里。作者见了伙伴的意见，必须修改，修改后才能交给我。

（3）周一"初选录用"的作文，由学生回家后修改。"初选录用"到"终选录用"之间的修改，学生都很认真。

（4）作文被录用，同学们要自己将文字输入电脑，发给我。输入文字时，很少有一字不变的。输入的过程，也就是修改的过程。

（5）周四，《周报》正式出版前，印出样张，由小助手发给小作者。第二天就要出版了，再改不出来，积分要被抢走的。

（6）双休日，四人小组用红笔在《周报》上改。下周一，贴在班级"作文墙"上。四人小组改出的错，一定是"错"吗？不是的。四人小组，也有瞎改的、改错的。周一贴出来后，四人小组和小作者之间，有一星期的争论。小作者看了，认为这个不用"改"，"改"了反而不好。四人小组认为，这个一定要改。定不了，找我。搞得我每次进班，四人小组和小作者都来包围我。可我要作课前准备啊。后来，我想出了一个办法来解脱自己：每一期《周报》，都任命一个同学做"文字裁判员"。争论，也是顶好的修改啊。我的教室里弥漫着修改的氛围。我教作文，有两个小得意：第一，我们有一个"写的场"；第二，我们有一个"改的场",学生站到"场"里,能不转自转,很奇妙的。

学生要在看似简单的《周报》上发一篇作文,要经过六次修改。作文是写出来的,写作文的能力是改出来的。

七、我的"作文动力"第三招

后来,我又设计了第三年的作文活动:"稿费活动"。

什么意思?学生在《周报》上发作文,我给他们发"稿费"。发了"稿费",学生兴奋极了,一下课,冲到我的办公室,问:"管老师,你发给我的稿费单,到哪个邮局去领钱呢?"

班上已有不少学生正式发表作文,邮局送来了稿费单,拿稿费单可以到邮局去领钱。我原想,一学期后,大家拿出模拟稿费单,比一比,评个一、二、三等奖,哄小孩嘛。我正迟疑,学生机灵着呢,看出了名堂,说:"管老师,你可不要说,这是哄哄我们的哦。"

学生这么说,我倒不好说了:"不哄你,不哄你们!"

回了家,我琢磨,"稿费单"已经发下去了,怎么办?我去买了不少课外书。书价20元,学生有20元的"稿费单",就用20元买课外书。学生正式发表作文,有的报社会给老师"指导费",不给也没关系,绝大多数的学校,到了期末,学生发表的作文都算成果。区级的,奖15元;市级的,奖励25元;省级的,40元;国家级的,50元。一篇的奖励,不多,然而,班上养了几十个写手,每个星期都开足马力写作文,投到外面去,积少成多,那就不得了,一年下来,都有好几千。学生给老师挣了那么多钱,拿出一点回报给他们,应该。

那时,我所在的社区,没有新华书店,书,在孩子的眼里,挺珍贵的。学生说,管老师花钱买书,再不好好写作文,对不起管老师。你看,投入转化为了生产力。

但问题又来了。

真正的教育改革，一定会不断遭遇问题。不遭遇问题的改革，那是假改革。一个老师遭遇了 10 个问题，解决了 10 个问题，他就是这个领域的小专家；一个老师遭遇了 50 个问题，解决了 50 个问题，他就是这个领域的中专家；一个老师遭遇了 100 个问题，解决了 100 个问题，他就是这个领域的大专家。

六年级的学生，对作文有了一定的鉴别能力。一天，一个女生拿了她的作文来找我："管老师，你凭什么发表他的作文，不发表我的作文？"我一看，那发表的某男生的作文，确实没那女生的没录用的好。为什么不发女生的作文？那女生已经连续发了三篇作文，《周报》不是为她一个人办的。而那男生已经连续三期没发表作文了，第四次，一定要发，给他鼓鼓劲。

这些话，不能说啊。一说，传出去，会伤那男生自尊的。

那女生见我答不上来，踩着鼻子往上爬："管老师，你偏心，你再这样，我不好好写了。"一起来打抱不平的几个女生，都附和起来。我倒真有些担心了。

怎么办？怎么办？迫在眉睫的问题，要尽快解决。我想到了，一期《周报》四个版面，分成 A、B、C、D 版，A 版叫"精华版"，B 版叫"升级版"，C、D 版叫"大众版"。听名字你就知道，A 版的稿费多一点，名声好一点；C、D 版的稿费低一点，发表率高一点，名声差一点。

以后，学生投稿前要写三个字："投 A 版"或"投 B 版"或"投 C 版"。这样，投 A 版的同学跟投 A 版的比。A 版只能发 4 篇作文。10 个人投 A 版，只能用 4 篇，这不能怪我偏心，是你自己要投 A 版的。作文写得好的同学，只投 A 版的，不屑于投 B 版，乃至 C、D 版。他们有一句豪言壮语，叫作："死在 A 版也光荣。"也就是说，我投 A 版，没被录用，我也是光荣的。他们"光荣"了，我开心了，省出版面给中下等学生。

学生投稿，分 A、B、C、D 版，也是"分层教育"，且是"自主分层"；学生投什么版，完全由自己决定。这种分层还是"流动分层"，这个星期投 A、B 版的同学，跟下个星期投 A、B 版的同学，不会完全一样，肯定有变化。

八、我的"作文动力"第四招

后来,我到了市里的学校,原先的"稿费活动"行不通:第一,学生说,管老师小气,一篇作文只有3元钱;第二,课外书学生也不稀罕,推开门就是新华书店啊。

又得想新点子,稿费要发得多,一期发1000元钱,学生一篇作文能拿到近100元稿费。让学生挣钱,挣很多很多的钱,但挣钱后,我要让他消费,实现资金回笼。学生要消费,我得有"产品"啊。于是,我开发了这些不要本钱的"产品":

第一个产品:50元稿费,购买"跟管老师拥抱合影"一次。如果班级里有电脑,合影留念的照片可以做一天的电脑桌面。班级里没电脑,可以将照片设为老师办公电脑的桌面。三个人一起与老师合影,可以做老师的电脑桌面人物三天。那三个学生,做了你的电脑桌面人物,有事没事就往你办公室蹭,你信不信?

第二个产品:100元稿费,购买"免做回家作业券"一张。这个,不用我花钱,学生很有需要,对吧?过生日时,希望没有作业,好,拿出你的"免做回家作业券"。

第三个产品:200元稿费,购买"免考单元测试券"一张。我们那边语文两单元测试一次。我们班一个单元测试一次。学生购买了"免考券",总的测试次数一点也没少。学生是本领高强的孙悟空,我们老师就是如来佛,再怎么闹,也逃不出我们的手掌心。

第四个产品:300元稿费,购买"期末考试加分券"一张。一张"期末考试加分券"加一分,一学期限购三张。高年级语文,85分算"优秀",要考了84分,没事,"期末考试加分券"可帮你的忙。我设定,90分为"优秀★",95分为"优秀★★"。考了89分、94分,"期末考试加分券"就有英雄用武之地了。我们有一个死规定:本学期的"期末考试加分券",只能本学期用。本学期没派上用场的作废。

第五个产品：300元稿费，购买"编辑体验券"一张。学生体验做小编辑，帮老师选稿子。

多年前，我这么教作文，学生的作文越写越好，我也搞不明白这是怎么回事。后来，读马正平教授的著作，才知道写作兴趣是作文的第一能力，写作意志是作文的第二能力，写作人格是作文的第三能力，写作技巧是作文的第四能力。

原来，别人都在抓作文的"第四能力"，而我无意中抓住了作文的第一能力、第二能力，怪不得呢。

胡兴松

先后执教过小学、中学和大学,现为深圳大学师范学院附属中学科研处主任,中学政治特级教师、广东省名教师、教育部"国培计划"专家、广东省中小学教材审查委员会委员、深圳市首批教育科研专家工作室主持人、深圳市中小学名师工作室专家组成员、市兼职督学,曾获"广东省思想政治课特级优秀教师""全国思想政治优秀教师""深圳市先进教育工作者""深圳市劳动模范"称号以及"感动深圳教育人物"提名奖。出版有《思想政治课教学艺术论》《思想政治课教学方法论》等,发表400多篇教研论文,主持一项广东省"十五"哲学社会科学规划课题和一项广东省"十一五"教育科研规划课题,主持和参与十多项国家和省市级课题研究工作,获全国和省市级科研成果奖20多次。

带着思想行走在教学与研究的路上

教学是教师成长的发源地，课堂是教师生命的舞台。作为一名思想政治课教师，我们应立足于教学，将教学研究的触角伸向教学艺术、教学方法、教学手段、教学思维等领域，大胆改革创新，勇于实践，带着思想行走在教学与研究的路上，力争做一名知行统一的智慧型教师。

一、教学艺术创造不可或缺

教学艺术是成功的思想政治课教学不可或缺的。优秀的思想政治课教师应该且完全可以成为一名教学艺术家。

1994～1997年，我在《中学政治教学参考》上推出了《思想政治课教学艺术十论》《思想政治课教学艺术续论》和《思想政治课教学艺术再论》。该刊在"编者按"中指出："胡兴松先生在学科教学艺术研究领域的拓荒之作……促进了中学思想政治课教学改革和高师政教专业思想政治学科教材教法课程改革，产生了良好的社会效应"。

2000年，我撰写的《思想政治课教学艺术论》由广东省优秀教育专著出版基金资助、广东教育出版社出版。国家教育部小学思想品德和中学思想政治教材编写委员会主任委员、华东师范大学教授吴铎先生在该书的《序言》中指出："胡兴松将多年心血凝聚而成的《思想政治课教学艺术论》付梓出版，是对思想政治课课程建设的重要贡献。"这部专著的创新之处主要体现在：

（1）学科创新。从思想政治课学科教育学的理论体系来看，独立作为一门分支学科的只有"中学德育理论与实践""思想政治学科教学论"等学科，"思想政治课教学艺术"一般包含在"思想政治学科教学论"之中。拙著的意义不是因为它是一部学术专著，而是因为它涉及了一个新兴学科的创建。该书提出：思想政治课教学艺术论应作为一门独立的分支学科，应构建具有自身特色和完整体系的思想政治课教学艺术论。这一观点在全国属于首创。

（2）体系创新：无论是思想政治课教学艺术论从教学艺术理论和教学艺术实践方面的分类，还是将思想政治课教学艺术视为"教"的艺术和"学"的艺术，以及将教学艺术划分为课前准备艺术、课堂教学艺术和课后延伸艺术，将课堂教学艺术划分为宏观教学艺术和微观教学艺术，这一体系的建立尚无先例。在该书中，我将教学艺术划分为：

思想政治课课前准备艺术，主要包括标准把握艺术、教材钻研艺术、学生研究艺术、教案编写艺术。

思想政治课课堂教学艺术，主要包括宏观教学艺术和微观教学艺术。课堂教学宏观艺术主要有：系统优化艺术、信息交换艺术、教学控制艺术、目标制订艺术、结构构建艺术、模式选择艺术、方法组合艺术、媒体应用艺术、教学评价艺术、语言表达艺术、机智应变艺术、教学幽默艺术、节奏调谐艺术、气氛烘托艺术、思想教育艺术、创新教学艺术、思维启迪艺术、情感交流艺术、心理疏导艺术。课堂教学微观艺术主要有：新课导入艺术、高潮创设艺术、教学小结艺术、课堂练习艺术、启发讲解艺术、课堂提问艺术、板书设计艺术、讨论组织艺术。

思想政治课课后延伸教学艺术，主要包括课后辅导艺术、测试命题艺术、活动组织艺术、后记书写艺术、教学研究艺术。

请看一则教学艺术案例：

【教学案例】《思想政治②：政治生活》新课导入艺术

现在的中学生独立性强，不盲从，但看问题易走极端，犯片面性错误，有的学生甚至会以做一名"愤青"为荣。《思想政治②：政治生活》的教学目标之一，就是培养和提高学生运用正确的观点、方法来观察与分析社会政治现象的能力。因此，我对第一堂课的导入进行了精心设计，以下是课堂实录：

师：虽然昨天已过元宵节，我今天还是要说：同学们新年好！（学生鼓掌感谢）眼睛一眨一闭，一闭一眨，不知不觉又过了一年，我老了，而你们呢？

生：（笑）我们也老了。

师：不！你们是长大了，成熟了。但是，你们会用自己的眼睛来观察世界吗？

生：会。

师：那么自信吗？实践是检验真理的唯一标准，我们不妨来现场检验一下。（我转身用粉笔小心翼翼地在黑板上画了一个小点，然后问学生）你们看到了什么？

生：一个白点。

师：不准确。

生：一个白颜色的粉笔点。

师：也不准确。你们44双眼睛，看到的都是一个白颜色的粉笔点吗？

生：一个画在黑板上的白色的质点。

师：聪明，有了数学眼光，不仅看到了白色的质点，而且看到了黑板。那么，请注意：黑板后面是什么呢？

生：（异口同声）墙壁。

师：墙壁后面是什么呢？

生：（异口同声）高一（10）班。

师：高一（10）班的后面呢？

生：（异口同声）厕所。

师：那厕所的后面呢？

生：（部分）天空。

师：我们学习《政治生活》，首先要学会用正确的眼光来观察世界，也就是要学会用全面的观点看问题。我们不能只见树木，不见森林，更不能攻其一点，不及其余。在我们眼中，不能只看到白点，而不见黑板；不能只见黑板，而不见墙壁；也不能只见墙壁，而不见天空。仅仅看到白点，而忽略白点后面的黑板、黑板后面的墙壁、墙壁后面的天空以及星星后面的宇宙，不正是我们在生活中常犯的错误吗？

师：那么，我们为什么会只看到白点呢？

生：知识有限。

师：不错。既然知识有限，那么就应当努力学习。现在，我要说的是：知识有限只是其中的原因之一，从更深层的意义上而言，可能是我们的视域不宽广，我们观察问题的方法不正确，我们观察事物的能力不强，也许还有心态并不乐观。在现实生活中，如果只看到一个白点，又怎么能在自己人生巨大的黑板上描绘出一幅幅精美的作品呢？又怎么能正确地看待许多社会政治现象呢？怎么能正确认识社会分配不公、道德滑坡以及党内的腐败现象呢？请记住：我们学习《政治生活》，就是要学会用正确的观点和方法来观察与分析社会政治现象。

（此时，44名学生恍然大悟，开心地笑了。）

（3）内容创新。这部专著既有对思想政治课教学全局的科学审视，又有对思想政治课的主要教学细节的缜密思考，对主要的教学艺术的理论基础、基本原则、操作策略、运用技巧等都进行了深入细致的探索。请看一例：

【教学案例】"真理是有条件的"教学创新艺术

在教学"真理是有条件的"时,学生对这一抽象的哲理总是感到一头雾水。《思想政治④:生活与哲学》中列举了一则实例:"三角形内角之和等于180°,这是古希腊数学家欧几里得提出的定理。在此之后的两千多年里,人们一直把它当作任何条件下都适用的真理。随着航海事业的发展和人们对于球面认识的不断深入,这一定理的局限性逐渐暴露出来。19世纪初,俄国数学家罗巴切夫斯基提出:在凹曲面上,三角形内角之和小于180°。随后,德国数学家黎曼提出:在球形凸面上,三角形内角之和大于180°。由此,人们关于空间的观念发生了革命性的转变。"

对于这一实例,我是这样来讲述的:

首先提出问题:"三角形内角之和等于多少?"在学生异口同声地回答"180°"后,我追问:"三角形内角之和等于180°,是否存在条件呢?"有学生回答:"是在平面几何中。"我问:"那么,在非平面几何中,三角形内角之和等于多少呢?"在学生不能作出回答时,我展示左下方的图片:花瓶。

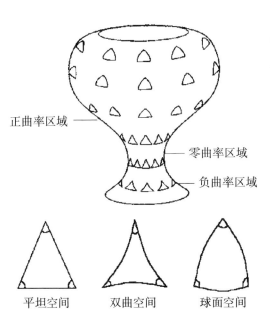

然后,引导学生分析理解:在这个花瓶上,球面空间(即球形凸面)上的三角形内角之和大于180°,双曲空间(即球形凹面)上的三角形内角之和则小于180°。"三角形内角之和等于180°"只有在平面几何中才是真理;超出了"平面几何"这一条件,这一定律则是谬误。因此,任何真理都是有条件的,即任何真理都有自己的适用条件和范围。如果超出了这个条件和范围，只要再走一小步，哪怕是向同一方向迈出一小步，真理就会变成谬论。

如何将抽象的理论具体化、枯燥的理论形象化，是信息技术与思想政治课教学整合应关注的重点问题之一。"三角形内角之和等于多少"，对于高中生来说，他们只学习过平面几何，只知道欧氏几何，而不知非欧氏几何。因此，通过图片创设形象直观的教学意象，可以说是一种较好的方式方法，它有利于形象直观地说明"三角形内角之和等于180°"这一真理的条件性。

二、教学方法改革自觉而为

教学有法，但无定法，贵在得法，难在创新。针对学生对思想政治课厌学的状况，我将古今中外著名的教学方法引入思想政治课教学，并探讨与实践了新课程改革过程中涌现出来的一系列新型教学方法。我总结自己教学方法改革的经验和体会，于1998~2005年在《中学政治教学参考》上发表了《思想政治课教学方法首论》《思想政治课教学方法续论》和《思想政治课教学方法再论》三组系列论文。该系列论文探讨的内容为：思想政治课的启发教学、目标教学、发现教学、暗示教学、程序教学、案例教学、范例教学、问题教学、图示教学、实验教学、优化教学、学导教学、创新教学、愉悦教学、情境教学、引探教学、参与教学、网络教学、点拨教学、活动教学、概念教学、原理教学、研究性学习。对上述每一种教学方法，既有理论分析、历史溯源、趋势展望，又有功能意义、一般原则、主要特点的阐述，还有操作模式、运用程序、具体方法的指要，更为突出的是力求揭示这些教学方法在思想政治课教学过程中运用的特殊性，为思想政治课教师的教学方法改革提供依据与指导。

《中学政治教学参考》三次刊发"编者按"对拙作给予了充分肯定，指出：本系列论文"既源于实践，又高于实践，以其理论上的科学性和创新性、实践上的可行性和实用性以及语言表达的个性魅力，再次在全国引起了广大教师的关注，受到了一致好评，甚至为许多教师所仿效和实践。这一研究成果，既丰富了思想政治学科教学论的理论研究，又促进了思想政治课教学方法的改革实践，产生了显著的社会效应"。2012年，拙著《思想政治课教学方法论》正式出版。北京师范大学副校长、博士生导师韩震教授为该书作序，并指出："作为一名中学教师，几十年如一日，大胆探索、潜心研究教学艺术与教学方法，且撰写、出版两部思想政治学科领域的拓荒之作，确实值得赞赏。"

我认为，在教学领域里，教学方法的改革创新也许是重中之重。然而，审视现实的思想政治课教学，我们百感交集，欣喜之余难免忧心如焚。伴随新的课程改革，理应诞生更多切合学生实际、深受学生欢迎的教学方法。然而，教育期望与现实存在仍然具有较大差距。时至今日，我们似乎可以说：教学方法改革仍是思想政治课教学领域的一道"哥德巴赫猜想"题。在思想政治课教学方法改革方面，我们每一位教师都可以大显身手。

【教学案例】《思想政治①：经济生活》第一堂课的导入

2011年高一年级新学期的第一堂课，如何导入《思想政治①：经济生活》呢？这是我开学前反复思考的问题。后来，我设计了以下方案，上课后效果不错。"教学反思"记录于我的博客上，受到了博友的一致好评。

上课伊始，我开口讲的第一句话是："我走进你们班，第一感觉是压力大。你们知道为什么吗？上一节课是美女老师上课，大家肯定高兴。有同学可能在想：这节课怎么来了一个老头子？（学生笑）是的，我是你们班任课教师中年龄最大的，因此我感觉压力大啊！"

"我是什么老师呢？"

"政治老师。"学生异口同声地答。

"你们好聪明啊！（学生笑）现在可以叫我政治老师，但以后不要老叫我政治老师，至少要知道政治老师姓什么吧！（学生笑）谁知道我姓什么？（学生沉默）不知道，没关系。请问：现在我国的国家主席是谁？（学生答：胡锦涛。）本人与胡主席是本家，姓胡（学生大笑），叫兴松（板书姓名）。正因为我姓胡，我所说的都是'胡说'（学生大笑）。"

"好了，言归正传。我今天拿来了一个空的布口袋，用它来干什么呢？"我从备课夹中取出一个空口袋。

"装钱。"一名学生大声说，其他学生大笑。

"你真聪明！那你们把钱都拿出来，我装走。"我不慌不忙地说，学生们又笑了。

"我们眼中不能只有钱。我现在要用这个布口袋表演一个魔术。"学生们一听表演魔术，都来劲了，眼球都随着我转。

"这个空口袋能在讲桌上立起来吗？"我一边说，一边示范，空口袋怎么也立不起来。我说："谁能用一句话来描述这种现象？"

"空口袋是软的。"

"空口袋立不起来。"

同学们都等待着我表态。我说："同学们说得很好！不过，美国著名科学家富兰克林说得比你们更准确、更严密。他说：'空口袋难以自立。'（板书）"学生笑了，有的学生在课本上写下了这句话。

"空口袋为什么难以自立呢？"我继续发问。

"它是空的，太软。"

"完全正确。下面，我们见证奇迹的时刻到了。"（学生大笑）我一边说，一边随手拿起多本学生放在课桌上的书装进口袋里，然后将它在讲桌上立了起来。

接着，我问："由物及人，我们每一个人如何在社会上自立呢？"

一生答："人要有知识。"

我说："你说得正确，不过只能得30分。（学生又笑了，并惊奇地望着我，等待我的答案）我认为，一个人要自立，不仅要有知识，还要有智慧和思想，更要有爱心，有道德，有人格，有尊严……"学生们露出了信服的眼光。

"除了用我这种方法使布口袋立起来，谁能用更好的方法将它立起来呢？"我提出了新问题。

学生们个个摩拳擦掌，跃跃欲试。一位女同学举起手，我马上叫她上台来演示，只见她从布口袋中拿出多本我放进去的书，只用一本书撑在口袋的底部，使布口袋立在了讲桌上。同学们一见，自发地给她鼓掌。我真佩服这位同学的聪明，这正是我期盼的结果。

"同学们的掌声已经说明她做得非常好。这种方式为什么好呢？"我问。

"省事。"

"节约资源。"

"不错，其实，我们还可以用另一个词来更准确地表达这种方式的好处，这就是——经济（板书）。什么叫经济呢？请同学们在课本上找出它的定义。"我话音刚落，同学们都争先恐后地翻开了课本。不过，学生在课本上就是找不到这个概念的定义。

"经济"这个定义在课本中的哪一页呢？我也说不清楚，因为这一页没有标明页码，而且没有计算在全书的页码之内。哈哈！我相信政治老师都知道它在那！也许有的政治教师根本就不讲"经济"这个概念。

至于"经济"这个概念的教学，无非是"生产资料所有制的基础""生产、分配、交换和消费"四环节以及"在这些活动中结成的人与人的关系"，此不赘述。

三、教学手段创新大显身手

在人们的印象中，政治教师好像全凭一张嘴，只要会讲就行了。我认为，当今社会，教学手段创新应该是教学手段的现代化。没有教学手段的现代化，就没有教育的现代化。而教学手段的现代化，其核心似乎是信息技术与学科课程的整合。目前，教学课件的开发与应用已经取得显著成效，教学积件也开始引起有识之士的关注，网络教学的应用则是一个全新的领域。

为了探索信息化环境下中学思想政治课教学的新路，我主持了深圳市教育科研"十五"规划重点课题"信息技术与思想政治课教学整合的研究"；深圳市教育科研"十一五"规划重点课题"思想政治课互动式主题教育网站的个案研究"的研究工作；广东省哲学社会科学"十五"规划课题——"思想政治课创新教学多媒体教学积件的开发与应用"的研究工作——2006年，该课题研究成果荣获了广东省第六届普通教育教学成果一等奖。

我曾在"中国中小学教育教学网"上建立"个人专辑"，其点击率名列政治学科第一名。自2009年10月30日在新浪网开辟博客以来，博客访问人数和关注人气直线飚升，有数十篇博文被"新浪草根名博"首页推荐，五篇博文在《中学政治教学参考》的《精彩博文》栏目公开发表，并被评为年度"最具学术影响力的文章"，我还登上了"新浪草根名博"的"时评类新人榜"。对于开博的价值和意义，我的回答是：让思想在这里启航！

通过多年的研究，我形成了自己关于教学积件的思想，制作了相应的教学积件并运用于教学，取得了理想的教学效果。

（1）教学与现代信息技术的整合。从要素系统而言，教学与现代信息技术的整合，是潜件（教学观念等潜在的教师素质及教学过程中的潜在影响因素）、软件（课件、积件和网络）及硬件（计算机设备等）三者的有机结合，其中至关重要的是教师教学观念、教学方法、教学模式、教学手段、教学评价等方面的改革与创新。

从主体系统而言，教学与现代信息技术的整合，既涉及教师的"教"，又涉及学生的"学"，是二者的和谐统一。信息技术与思想政治课教学的整合，既要有利于教师创造性地"教"，更要有利于学生自由、自主性地"学"。

从操作系统而言，教学与现代信息技术的整合，必须是多媒体课件、积件和学科专业网络三者的协调发展。

从动态系统而言，教学与现代信息技术的整合，必须贯穿于整个教学过程，但重点与核心应该是课堂教学过程。

（2）教学积件的开发与应用。20世纪70年代，课件被引入我国，对变革传统教学模式发挥了积极作用，显示了其特有的优越性和强大的生命力。随着信息技术的迅猛发展,课件所具有的先天不足和缺陷,也越来越凸显出来。目前,教学积件基本上还是停留在理论研究阶段,未真正进入实际应用。在教学软件市场上,教学积件产品还相当匮乏,中学思想政治课的教学积件产品则为空白。

教学积件是由教师和学生根据教学需要,组合运用多媒体教学信息资源和教学处理策略的教学软件系统或工作平台,是一种对计算机辅助教学具有指导作用的先进思想、观念和理论,是多媒体教学的一种新模式。教学积件是一种非线性结构,便于教师进行组合运用和学生自由、自主学习,可活化教学过程、实化教师施教的创造性、强化学生学习的主体地位。

积件开发与应用的直接理论依据、实践基础及主要目标为(见下图):

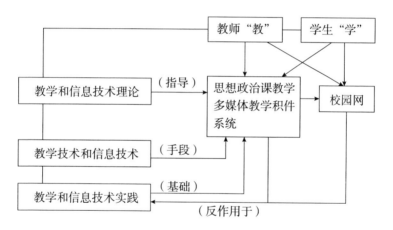

教学积件的构成要素:教学资源素材库、微教学单元库、教学策略库、资料呈现方式库、网上资源库、组合平台。

教学积件的主要特点:主体的能动性、内容的可积性、形式的开放性、过程的互动性、成果的共享性。

【教学案例】"生活中处处有哲学"与"雾里看花"

对于中学生而言,"哲学"是一个生僻的概念,他们对哲学的第一印象往往是晦涩难懂,高不可攀。如何通过新课导入,简单明了地交代"生活中处处有哲学"以及哲学的作用，需要教师精心设计。我是这样来导入的：

首先，播放歌曲《雾里看花》，并用PPT打出歌词：

雾里看花

水中望月

你能分辨这变化莫测的世界

涛走云飞

花开花谢

你能把握这摇曳多姿的季节

烦恼最是无情夜

笑语欢颜难道说那就是亲热

温存未必就是体贴

你知哪句是真

哪句是假

哪一句是情丝凝结

借我借我一双慧眼吧

让我把这纷扰

看得清清楚楚明明白白真真切切

在此基础上，教师自问自答："这双'慧眼'是什么？我的回答是：马克思主义哲学。"然后，教师讲述：哲学的本义是爱智慧，哲学可以给人智慧，使人聪明。但是，并不是所有的哲学都会给人智慧，使人聪明。《生活与哲学》讲授的马克思主义哲学，才能给我们以智慧，使我们变得更聪明，并且能让我们"把这纷扰看得清清楚楚明明白白真真切切"。

四、教学思维激活责无旁贷

人类思维是地球上最美丽的花朵。激活学生思维，使其善思、会学，是思想政治课教师不可推卸的职责和义务。

我对教学思维激活的关注，源自学生寄来的一张贺卡。有一年教师节时，我所教的一名学生从大学里给我寄来了一张贺卡，除感谢、祝福之外，其中有这样一句话："高中三年，我从您那里学到了许多东西，尤其是您的思维方式，它将使我终生受益。"

看到学生的成长，我感到非常欣喜，学生的话使我想到了一个问题：我们每一个人都有一个充满智慧的大脑，都具备有待开发的思维，而学生的个性差异是客观存在的，教师的责任就是要激活学生的思维，使之获得不同程度的发展，提高其生命质量。无论教学艺术创造，还是教学方法改革、教学手段更新，不都是要以激活学生思维为目的和归宿吗？

21世纪是创造教育的世纪，而创造教育的核心在于发展学生的思维，尤其是创造性思维。教育事业是未来的事业。思想政治课要教在今日，想到明天，自觉思考时代对思想政治课教学的呼唤，抓住机遇，迎接挑战，作出超越性的选择，把发展学生思维放在重要位置。

当前，深化思想政治课教学改革最根本的一条就是要全面推进素质教育，培养和发展学生的能力。能力是一个复杂的系统，学生的一般能力表现为观察力、记忆力、想象力、思维力、注意力等，其中思维力是核心。因此，发展学生能力最核心的是发展学生的思维能力。

【教学案例】一幅漫画的存同求异

在教学实践中，有的教师总是照本宣科，割裂知识的内在联系，顾此失彼，教学只是求同，不敢求异。其实，思想政治课教学不是马克思主义理论的"卫道士"，而应是学生思维发展的"开拓者""引路人"。

在《思想政治④：生活与哲学》中有这样一幅漫画：《你敢吗？》（见下页图）。在教学过程中，许多教师都会作出"不敢"的结论。因为矛盾双方在一定条件下是相互依存的，烧断了对方的绳索，自己也会坠下悬崖。如果教师的教

学只是至此为止,势必会导致学生思维的片面性和僵化。

在教学过程中,我就曾启发学生思考:"从'矛盾双方在一定条件下相互依存'的角度来看,你不敢,但在什么条件下,你敢烧呢?在什么条件下必须烧呢?"

在我的诱导下,有学生回答说:"敢烧"是因为下面是很深的水潭,或下面有厚厚的海绵垫,或图中人会腾云驾雾,等等,甚至有一位学生大声说:"我想自杀!"这一回答引来哄堂大笑,学生们都惊诧地望着我,看我如何处理。

我一听,学生的回答确实属于"另类",也超出了我的"预设",但我马上意识到这是一个难逢的"生成"契机,于是我微笑着说:"这名同学敢想,但千万不要忘记,生命是最宝贵的。无论什么情况下,我们都不应当想到自杀!"

人们常说,对学生的思想道德教育,要追求"随风潜入夜,润物细无声"的境界。这个学生的"另类"回答,不正是教师进行生命教育的最佳契机吗?

在解决了"敢烧"之后,我又提出:"为什么必须烧呢?"通过学生的讨论,大家终于明白:"必须烧"是因为在这样的条件下,坚持到一定时间,没有其他人施救,也会活活饿死。只有烧断绳索,才有生存的可能,哪怕为此会摔断一只胳膊或两条腿。

在这一教学案例中,许多教师之所以得出"不敢"的唯一结论,与其割裂知识的内在联系以及求同的思维定势不无关系。"不敢"是基于矛盾双方的相互依存,但我们不能忘记——矛盾双方的相互依存是有一定条件的。当条件发生变化后,原来的"不敢"就会变成"敢",甚至"必须"。如此教学,才能培养和提高学生的辩证思维和求异思维的能力。

在课堂上，我们要尊重学生的智慧，呵护学生的思维火花，鼓励学生探索争鸣。同时，要善于倾听学生的发言，由"说话的强者"转变为"积极的倾听者"，鼓励和引导学生积极思考、大胆质疑、努力创新。

思想政治课教学同其他学科教学一样，都必须坚持启发式教学。启发式教学的"启发"虽然不能等同于"启发思维"，但它的根本内容或关键是启发思维或激活思维。在课堂教学的任何环节，如果没有学生思维的启动、激活、撞击，那么，课堂教学只能是死水一潭。激活思维，点亮智慧，是思想政治课乃至所有学科教学的命脉。

在思想政治课教学过程中，激活学生思维大多是无处不在的。凡是有教学活动的地方，就会有问题，有情境，也就会有思维激活。一堂课如一池春水，一个精彩的教学设计犹如一粒石子，能激起学生思维的千层浪。激活学生思维的材料随处可取，关键是教师要做有心人。处处留心皆学问，妙手剪裁皆文章。

激活思维与教学活动的外延相等。启开学生的双眼，点燃学生的头脑，激活学生的思维，唤醒学生沉睡的心灵，是教师神圣的天职。为此，我们必须在"激"字上做文章，在"巧"字上下功夫，在"新"字上显精彩。如果我们的教学活动没有学生的积极参与，没有思维火花的碰撞与闪亮，那么，即使再好的设计也会黯然失色，再美丽的笑容也会失去原有的灿烂。

课堂，是学生和教师思维的训练场。我们要想方设法点燃学生思维的火花，让一句句出自学生肺腑的语言在课堂上流淌，一个个充满个性的思维火花在课堂上迸射，让思想与思想真实碰撞，使课堂因灵动而精彩，因思维而美丽。

一个人的思想有多远，他就能走多远！思想，是成就名师的灵魂。一位教师一旦有了自己的思想，就会形成自己独特的个性，就会形成自己独特的教学风格。一个人真正的生命，是一个人的思想。我们不奢望成为思想家，但至少应该成为"实践的思想者"和"思考的实践者"，以灵魂唤醒灵魂，以思想孕育思想，做一个真正的教育人。

华应龙

北京市第二实验小学副校长,特级教师,"苏派名师",首批"首都基础教育名家"。北京教育学院、北京师范大学、教育部小学校长培训中心兼职教授。30年来,他痴迷课堂,致力于探索"融错教育",学生特别爱上他的"疯狂数学"。荣获北京市政府教学成果一等奖、首届全国教育改革创新奖、首届"明远教育奖"。出版有两本专著:《我就是数学》《我这样教数学》。中央电视台、北京电视台和《光明日报》《北京日报》《人民教育》《中国教育报》等20多家媒体多次专题报道。2012年、2013年,北京教科院基教研中心和西城区教委、教育部下属的人民教育家研究院和江苏省教研室分别举办了"华应龙教学思想研讨会"。

融错课堂　求真育人

1993年，我在江苏省南通市海安县墩头镇做教师时开始申报研究"让学生从错误中学习"的课题。2002年，我被调到秉持"以学论教""无错原则"等办学理念的北京第二实验小学，得到李烈校长的亲炙，更是如鱼得水。2011年，"'融错教育'操作模式及策略的研究"被列为西城区教育科学规划"十二五"重点课题。20年来，我锲而不舍，在"融错"课堂中与学生一起持续成长。

一、什么是融错？

受各因素的影响，小学生在数学学习过程中总是会表现出这样或那样的偏差、不足，甚至离奇，与正常的认知过程、结果完全相左。学生在数学课堂上的差错是其关于数学知识的自主的、大胆的、真实的，常常又是独特的建构。如果老师怎么说，学生就怎么做，学生自己的想法被压抑着，也许很少有差错，但却缺了自主，少了真实，更谈不上创新，谈不上成长。

"融错"是指把课堂教学中的差错融化为一种教学资源，相机融入到后续的教学过程中,"化腐朽为神奇",变"事故"为"故事",这与我国古代"相克相生,相反相成"等哲学思想相契合。

为什么是"融错",而不是"容错"?因为课堂并不只是要容纳"差错",而更重要的是,把"差错"融化为不可或缺的教学资源。教师艺术地处理了随机生成的差错,巧妙地彰显了差错的宝贵价值,促进学生全身心地融入到创造性学习活动中,感受到学习数学的乐趣,才能把真正富有价值的内涵植入学生的生命活动之中。

融错的要义在于教学过程中随机融入,自然生成,而不是事先刻意安排;敏锐发现差错背后的意义,揭示其内在的矛盾、张力,巧妙彰显其积极意义,而不是简单地否定学生的错误;充分挖掘并利用差错资源的多方面价值,培养学生直面错误、超越错误的求真人格,学做真人,将教学活动引向深入,引向心灵深处,而不仅仅是促进认知的发展。

二、为什么要融错?

人生自古谁无"错",差错的产生和存在具有必然性和普遍性。差错不是绝对的,具有相对性,人们判定的"错"与"对"受特定的时空、特定价值标准的制约,不同的文化环境有不同的对错观。立场不同,观点不同,方法不同,对同一问题的看法可能就会有所不同。"对"与"错"在一定条件下可以相互转化。

就小学生而言,"错"更具有必然性。这是由于他们的思维发展有一个逐渐成熟的过程,对认知的不完善,几乎是不可避免的,了解他们实有的"前概念",正是教学从学生实际出发的起点,也就是我们实施"无错原则"的重要依据。

没有融错何来创新?放弃经历错误也就意味着放弃经历复杂性,远离谬误实际上就是远离创造。过度的防错、避错,缺乏对差错的欣赏与容纳,就将大大减少学生扩展认知范围、提高认知复杂度、接触新发现的机会，使天然的好奇心、求知欲以及大胆尝试的探索意识被压抑乃至被扼杀，所伴随生成的个性特征和思维特征必然是谨小慎微、害怕出错，这与敢于冒险，在失误中开辟新思路的创造型个性和思维品质是背道而驰的。

没有融错如何落实课程标准强调的"自主探究学习"？新课程强调教学的生成性，教学的生成必然伴随着教与学双方积极主动的思维与创造，伴随着随机真实有效的互动。没有融错，就没有创造性的生成。新课程倡导"自主、探究、合作"的学习方式，就更加呼唤尊重学生学习过程中的差错，期待教师在课堂上能够温暖地"融错"。

没有融错何来真正的"过程教学"？我们提出"融错"的教学主张，是破解"标准化"教育模式，培育良性教育生态的需要，是矫正重"结果"轻"过程"教学弊端的需要。

有差错，才有真正的学习，才有实质性的学习活动发生。有融错，才有我们期待已久的主动学习、独立思考、创新活动的发生；有融错课堂，才有学生快乐健康的成长。成长发生在融错中。

三、怎样融错？

融错教育三部曲：容—融—荣。体悟到错误价值后的宽容是"融错"的条件；从错误中生出正确的融化是"融错"的关键；"融错"的结果不是以出错为荣，而是以能"融错"为荣，不是为"融错"，而是为成长。"容—融—荣"是融错课堂的三个阶段，也是对待差错的三种境界。

第一个阶段：错是错，温暖地"容"

容，是指宽容、包容、容纳差错。一错当头，能否容纳，取决于一个人的见识和胸怀。有容乃大，大者能容。要调整学生对待错误的态度，培养学生积极勇敢健康的心态，培养他们对自己负责的意识和善解人意的"同理心"。

首先，包容、欣赏学生的差错。

在课堂上，学生出错了，我就像发现新大陆一样惊喜，立马兴奋起来，应对挑战，这是拷问和提升教师功力的时候，这时才能看到帮助学生发展的曙光。

善待差错，不是鼓励出错，不是要纵容学生不负责任，"草率行事"，而是要鼓励学生探究的勇气，激发学生挑战的精神，保持学生创新的激情。苛求正确与准确，过分讲究"严谨性"，无异于给学生戴上"紧箍咒"，于无形中造成对创新的压力。罗杰斯先生就曾指出，只有心理安全、心理自由，才能创造。

其次，让学生悦纳自己的差错。

学生们是怎么看待错误的？课堂上学生愿意暴露自己的错误吗？他们希望别人怎么对待自己的错误？他们又是怎么对待别人的错误的？……我们就如何对待课堂学习中的错误问题等设计了一份包含 11 个项目的调查问卷。调查结果显示：42% 的学生认为错误意味着失败，17.4% 的学生把错误和耻辱联系在一起。值得关注的是，小学中年级男生和中高年级女生选择"耻辱"的比例较大，特别是高年级女生，接近 1/3。

从调查中可以看出，绝大多数学生都是用二元对立的观点来看待错误的。错误便是正确的反面，由错误引起的联想大都是"失败、耻辱"一类负面的体验。

在调查中我们还发现，当学生发言出错时，67.9% 的学生希望通过老师提示，自己来发现和纠正；19.2% 的学生希望能自己请求其他同学帮助；12.9% 的学生希望老师直接告知答案。而 52.3% 的学生表示，课堂上老师对学生发言出错采取的最多的方式是直接告知答案，立刻纠正。

从调查中我们看到学生对错误的看法与正确的"错误观"之间有较大差异，教师普遍对错误的简单化处理更强化了这种错误的认识，必须给予正确的引导。

我通过讲数学家、科学家对待差错的故事，帮助学生认识到"错误是创造的开始"。北京出版社的《科学失误故事》、河北少年儿童出版社的《科学家与错误》、天津教育出版社的《数学大师的创造与失误》等等，我组织学生利用"课前精彩两分钟"轮流讲。我还用一节课的时间，和学生一起研究让大数学家欧拉都犯错的"36军官问题"。通过一系列活动，学生们明白了：成功人士的高明之处，并不是他们先知先觉，一贯正确，而是他们具有对待错误的正确态度，有一双善于发现错误的明亮的眼睛，有一个肯于思索的头脑。榜样的力量是无穷的，学生们渐渐明白了要善待差错。

再次，创造机会，暴露差错。

曾经，我们的课堂教学，总是在学生探究前安排有大量的复习和铺垫，还有"到位"的提示、"越位"的暗示。以往的我们为什么要采用"未雨绸缪""防患未然""防微杜渐"的做法呢？也许是因为夸美纽斯说过："只有要求学生在课堂上不犯任何一个错误，才能在练习中没有错误"，他建议过我们，"不要使学生在第一次学习新教材时就在语法规则上犯错误，不要使学生在第一次学习数学规律时就解错例题和应用题"；也许是因为我们受制于急功近利的思想，想扫除学生探究过程中的障碍，让学生顺利地"探究"出结论；也许是因为我们刻意让学生顺着老师搭设的台阶，拾级而上，沿着老师指引的窄窄的巷道，独自前行，在不容回旋的空间里，得到正确的、老师想要的答案，如此课就会按照我们预设的轨道运行；也许是因为我们潜意识中对学生的不放心，我们好为人师的惯习，我们对课堂上生成的差错的惧怕，惧怕出乎意料，惧怕处置不当；也许是由于我们专业功力不够……

不同的时代，不同的价值追求，就有不同的理论指导。

心理学家盖耶指出:"谁不考虑尝试错误,不允许学生犯错误,就将错过最富有成效的学习时刻。"允许差错存在实际上是允许学生认知的自然展开,是给予学生自主处理新问题,学会在复杂情境中进行辨别、分析、判断、推理的机会。这些是我们过去因为追求"效率"而被压制的,是传统教育的致命缺陷,也是当下我国创新人才培养的难点。

第二个阶段:错不是错,智慧地"融"

融,是把错误作为一种资源,从外在表现入手,引导学生暴露思维过程,分析其内在机制,融化、融合、融通,将教学活动引向深入。这时的错误已经不是教学的障碍,而成为宝贵的教学资源。这样的资源,有来自学生的,也有来自教师的。

首先,分析差错背后的真正原因。

课堂是允许学生出错的地方,出错是学生的权利,帮助学生不再犯同样的差错是老师的责任。

曾经看到一个有趣的问题:"一道数学题学生做错了,老师讲了三遍,学生还是做错了。谁笨?"我觉得出现这样的现象是由于教师专业功力不够。因为明白人明白的算理是一样的,不明白的人却各有各的困惑。后来,我读卢梭的《论科学与艺术》才发现,卢梭说过一句意思相同的话:"错误可能有无穷的结合方式,而真理却只能有一种存在的方式。"不过,我们的落脚点不同,卢梭说的是真理只有一个,我说的是差错千奇百怪。做教师的必须明白学生的困惑,才能有效地帮助学生。例如,有学生计算出 $24×3=92$,他可能是怎么思考的呢?可能是 $3×4=12$,$2+1=3$,$3×3=9$,所以等于92;也可能是 $3×4=12$,$2×4=8$,$8+1=9$,所以等于92;还可能是把3和4交换了位置,于是 $23×4=92$。对这样的学生,如果我们只是强调计算法则,先乘个位后乘十位,个位相乘得几十就向十位进几,那是于事无补的。

"子非鱼，安知鱼之乐"，要准确分析差错背后的真正原因，就得倾听学生，了解学生的阅读习惯，了解学生的已有经验，了解学生可能存在的思维定势。

其次，让正确在差错中生长。

差错可能成为正确的先导，差错往往隐藏着正确的思路。差错大多是"差那么一点""拐个弯就对了"。我们在课堂上常常会看到这样的现象：老师提出一个问题，教室里一片寂静，但当某个同学发表了一个有"差错"的意见之后，一只只小手次第举了起来。是同学的"差错"撞击出了其他同学思维的火花，使更多的同学更快地走向了"正确"。"当乌云被阳光亲吻时，它们就变成了天空中的花朵。"（泰戈尔语）

差错除了具有启发功能外，还具有刺激、教育、醒悟、陪衬、免疫等功能。教师需要练就一双"慧眼"，敏于捕捉，善于发现差错背后隐含的教育价值，引领学生从错误中求知，在错误中探究……

例如，学习乘法分配律之后，学生会创造出"200÷5+200÷20=200÷(5+20)=8"的"除法分配律"。我们可以顺势探究除法究竟有没有分配律，什么时候有，什么时候没有，进而可以更好地认识为什么乘法有分配律，让学生觉得错得有价值。"错得好！"是我课堂教学中的口头禅，也是我每接一个新班，上第一节课都要写在黑板上的三个字。

我教学《我会用计算器吗？》等课的有效实践都说明了，完全可以让学生在错了之后开心地、满足地笑出来。

《我会用计算器吗？》一课中，"融"预设的"错"：

师：下面我们用计算器来玩一个"猜数字"的游戏。从1～9这9个数字中选一个你最喜欢的数字，别说出来，记在心里。比如我最喜欢数字"2"，就输入9个"2"，然后用它除以"12345679"。除完以后你只要把结果告诉我，我很快就能知道你最喜欢的数是几。

生：(充满怀疑地)嗯？

师：试一试。

(学生认真地计算起来)

师：算出来了吗？谁来告诉我你的结果。

生：结果是 2.700000022。

师：(停顿一会儿)好，现在我告诉你，你的结果是错的，你等会儿可以再重算一遍，看看错在哪儿了。

生：72。

师：你喜欢的数字是 8。

生：(惊讶却又很佩服地)对！

师：谁再来试试。

生：27。

师：你喜欢的数字是 3。(同时，生 A 也说出了答案。)

师：嗯？你也知道了？那哪位会哪位来，我先下岗一会儿。

生：我算出来的结果是 45。

生 A：你喜欢的数字是 5。(其他同学也异口同声地说出了答案)

生：52。

生 A：52，嗯？错了！

师：看来你真的会猜！同学们知道诀窍在哪了吗？

生：知道！得数除以 9。

师：真棒！刚才得出"2.700000022"的同学，你再算一遍，也可以重选一个数字试一试；然后想一想错在哪里了。

师：算完了吗？有的人错了但可能还不知道问题在哪。请哪位同学来说说。

生：我喜欢的数字是"1"，我输入 9 个"1"，然后除以"123456789"，得出来的数字是 0.900000007。

师：谁来帮她分析？

生：屏幕上没有 8，你把 8 给输进去了。

师：其他算错数的同学是不是也把 8 给输进去了？

生：（部分同学有些羞愧地说）是。

师：现在再算一遍。

生：（那些同学高兴地举起手，轻声地对老师说）这回对了！

师：（摸了摸学生的头）看到你的笑容我真高兴，有的时候观察不仔细那可麻烦了。

师：好，算完了吗？这个游戏好玩吗？

生：好玩。

师：玩过之后，有什么收获呢？

生：我知道了计算器不光是帮助人们学习的，也是帮助人们计算的，并且它不是按照一个整的公式计算，有的时候还是活灵活现的。

生：自己要把数据看准确，而且操作要精确。

师：说得真好，就是要看清数据，正确输入。

借助计算器可以让我们发现一些数和运算的美妙。但对一些传统的题材我进行了教学加工，不只是一种展示和欣赏，更多的是一种激发和挑战。

在这节课上，我正视并接纳学生学习过程中的差错。课中创设的"猜数字"游戏，由于数位多确实需要用计算器，但正是由于数位多，学生可能会把 9 个"5"输成 8 个或 10 个"5"，也可能把"12345679"输成"123456789"。"计算器算的也会错？"分析错因的过程就是学习使用计算器的过程，也是破除对计算器的迷信的过程。

我用计算器尝试了学生可能出错的各种类型，以便心中有数，但在执教过程中，我却并不直接指出学生错在何处，那样就剥夺了学生自己"反省"的机会。想到郑板桥的"难得糊涂"的名言，课上的我装糊涂，学生报出"2.700000022"时，我愣住了，好像被难住了，过了一会儿才说"你的结果是错的"，给学生的印象是老师思考后才作出判断，自己应好好"反省"。板桥先生说"由聪明而糊涂难上加难"，看来也不一定，只要把学生放在主体的位置上，做老师的就好"糊涂"了。

《游戏公平》一课中，"融"生成的"错"：

教学《游戏公平》一课，我创造性地提出抛啤酒瓶盖来决定"输赢"是否公平的问题。

当学生小组抛完10次啤酒瓶盖后，既有"正面5次，反面5次，推断游戏公平的"，也有"正面8次，反面2次，推断正面朝上可能性大的"，还有"正面1次，反面9次，推断反面朝上可能性大的"。试验之后，没有达成一致意见，怎么办？学生想到把四个小组的数据合计起来再判断。以下是学生合计小组数据之后，全班六个大组进行汇报的课堂片段——

师：第一大组来汇报——

生：我们组正面有8次，反面有32次。

师：（在PPT上输入数据）第二大组——

生：我们组正面有16次，反面有15次。

师：孩子们看看，他们组正面有16次，反面有15次，你们觉得这个数据有没有问题？

生：有问题，总数不对。

师：合计起来总数应该是多少？

生：40次，他们只有31次。

师：对了，你们组赶快重新汇总。

（其他小组汇报）

师：第二大组你们的答案出来了吗？

生：正面有16次，反面有14次。

（马上有学生笑了起来）

师：我们一起来看看，合计怎么会是30次呢？（从学生手中拿起记录单，查看之后露出恍然大悟的表情）你们开始就数错了。我们看看这位同学的记录单，抛完10次以后，数出正面有6次，反面有1次。这是谁统计的？

（小姑娘不好意思地微笑着点头）

师：（轻拍学生后背）哈哈哈，没关系。其他同学的记录单呢？核对一下。

（俯下身子，查看这一组每位同学的记录单。）

师：再来合计一下。我们一起算算。先说正面的次数。（6次，2次，4次，4次）

师：（带着全班同学逐一口算）一共是16次。继而，我们可以算出反面的数据应该是40-16=24。是不是呢？再算一下。看看每位同学反面的数据。（4次，8次，6次，8次）

（带着全班同学逐一口算出26次，全班同学哄堂大笑。孩子们纷纷说应该是24次，还有的说，正面应该是14次。）

师：（尴尬地笑着）怎么会是26次呢？咱们冷静下来，重新算算。（挠着头认真地看着那个汇报单）

师：怎么会是26次呢？咱们还是从头再来吧！先说反面。

师：26次，没错。正面呢？（4次，2次，4次，2次）

师：一共12次。（学生却抢先说：14次。全班同学哄堂大笑。）

师：（笑着俯下身看最后一位同学的数据）没事，没事，非常有意思，非常有意思。我们再看正面。（4次，2次，4次，2次）

师：怎么又是12次了？（这次真的是彻底晕了。摸着后脑勺退回到讲台上。）

师：怎么会是正面12次，反面26次，也不对呀？

生：正面应该是14次。

师：（再次走下讲台来到这组同学身边，认真查看每位同学的记录单）咦？好玩，错在哪里了？今天我们四年级同学怎么连一年级的题都不会算了？我们重新来，我觉得这个事我们一定要认真对待。（来到黑板边上，准备板书。）

师：请这组同学报出你们的数据。

生：正面6次，反面4次。

生：正面2次，反面8次。

生：正面4次，反面6次。

生：正面2次，反面8次。

师：横着看一下，每一个人的试验次数都是10次，没问题。（利用板书再竖着和学生一起算）正面：6+4=10，2+2=4，10+4=14。反面：4+6=10，8+8=16，10+16=26。（笑着走回到学生中间）刚才那个片段很有意思。我们怎么算出12了呢？我们都不知道哪儿错了，还是老师和大家一起算的。

（第二大组的学生开心地笑了）

师：（在PPT上改正第二大组的数据）哈哈哈，真有趣！刚才那个片段是不是告诉我们，要根据数据进行推断，所以对数据千万不能马虎，要把几个方面都合上。如果刚开始我们用40减掉正面的次数，得到反面的次数，那就发现不了这样的问题了。这个片段真好！感谢第二大组的同学带给我们的经验！

（教室里响起热烈的掌声）

用6分钟的时间，翻来覆去算了5遍，算对了2个数据。值得吗？怎么才能节省时间呢？节省时间又是为了什么呢？统计概率教学的重点是什么？

小学统计与概率教学的核心目标是发展学生的统计观念。什么是统计观念呢？教育部基础教育司组织编写的《数学课程标准解读》中指出，统计观念主要体现在以下三个方面：认识到统计的作用，能从统计的角度思考与数据有关的问题；能通过收集、描述、分析数据的过程，作出决策；能对数据的来源、收集和描述的方法、分析的结论进行合理的质疑。我们以往的统计与概率教学，对前两个方面比较重视，对"能对数据的来源、收集和描述的方法、分析的结论进行合理的质疑"没有意识，也没有设计过专门的教学环节。学生当堂生成的差错反而补上了这一课。有意思的是，好像是为了加深这一印象，就不让老师和学生一下子得出正确的结果。如此想来，四年级的学生算不出一年级的题，这一经历是多么的珍贵！

面对如此的美景，我心醉神迷。

"落花有意，流水无情。"课上 6 分钟的时间啊，多么宝贵。我又追问自己：是不是可以让第二大组的学生自己算就行了，布置另外的任务给其他五个大组呢？我回答自己：埋头赶路是任务，抬头欣赏风景算不算任务？除了算算算，是不是还可以仰望星空？我们的心态是不是平和、怡然一些，课上"舍得浪费时间"（卢梭语）更美妙？

"你站在桥上看风景，看风景的人在楼上看你。明月装饰了你的窗子，你装饰了别人的梦。"卞之琳的《断章》告诉我，第二大组的学生遇到的问题是一道可遇不可求的风景，其他五个大组的同学是在欣赏这道风景，他们又共同构成一道美景，装饰着我们的课堂，装饰着新课程的梦。因为教育教学的要义不是告诉，而是体验。

"落花若有意，流水亦含情。"课堂教学互动的本质，决定了课堂上一定会频繁生成若干即时资源。捕捉住那些"旁逸斜出"的差错资源，放大"不可预约"的精彩，突显数学学习的本质，拓展价值创造的空间，是我不懈追求的。

对待学生的思维成果，不应着眼于对还是不对，而是应着眼于有价值还是没有价值。这一价值判断的标准：一是有利于学生的发展，二是有利于本课教学目标的达成。因此，教师的评价要在对错之外。

再次，要用好教师自己的差错。

"天下只有哑巴没有说过错话；天下只有白痴没有想错过问题；天下没有数学家没算错过题的。"（华罗庚语）差错人皆有之，作为教师不利用差错是不能原谅的。当自身出现失误时，教师要冷静，及时作出分析、判断，调整活动方案，采取补救措施，让失误成为发展学生思维不可多得的契机，让教师处理失误的言行成为学生对待差错的榜样。如果以"我是考你们的"或"别钻牛角尖"来搪塞或推诿，不敢肯定学生，不能正视差错，自然会受到学生的贬弃。如果我们懂得了"弟子不必不如师，师不必贤于弟子"和"教学相长"的道理，就应该有勇气承认自己的差错与不足。

理想的教学应该是对话式的，师生相互请教，双方互为先生和学生。作为教师，要不断提升自己的学识和理性。因为只有丰厚的学识与彻底的理性才能赋予人一种大气。这种大气，对于教师是非常重要的。因为只有大气，才能真诚地鼓励学生放飞想象的翅膀，才能去拓展教师自己已经变得十分狭窄的心灵空间，才能让学生明白"吾爱吾师，吾更爱真理"的深意！

第三个阶段：错还是错，自豪地"荣"

荣是结果，是目标，是对出错过程的回眸，是对差错的育人价值的欣赏。因为学习不是为了解对一道题，而是为了做对一个人，"千学万学学做真人"。

首先是拾错。

爱因斯坦说："在科学上，每一条道路都应该走一走。发现一条走不通的道路，就是对于科学的一大贡献。""我们的科学史，只写某人某人取得成功，在成功者之前探索道路的，发现'此路不通'的失败者统统不写，这是很不公平的。"一名学生出错，对于整个班级的学习进程来说是很光荣的贡献，对于学生自己来说是一段很荣幸的经历——"我曾经这样错过"。一个人富有经验是值得自豪的，不过，"经验是人们给他们所犯的错误取的名字"（奥斯卡·维尔德语）。

因此，我们为学生准备了《拾错集》，让学生像在沙滩边捡起美丽的贝壳一样，将自己在课堂学习中的差错记下来，"留得残荷听雨声"。我校教师整理的融错案例先后发表在 2006 年第 1 期《小学青年教师》、2012 年第 1 期《新世纪小学数学》等杂志上。

其次是分享。

错了就是错了。在我们的课堂里，您会听到学生踊跃地介绍与众不同的想法，您也会听到有学生大气地站起来说："刚才，我是这么错的……"相关案例《当阳光亲吻乌云……——融错教学以"解决（连乘）问题"为例》刊于 2010 年第 20 期《人民教育》。学生直面差错，甘愿分享的境界是多么的可贵。他们不怕失败，敢于创新，因此我们能够"听到学生思维真实的声音"，教学效果令人欣慰，学生喜欢学，不愿意下课，学生会学，学得棒。

再次是感谢。

差错的价值并不在于差错本身，而在于师生从中获得新的启迪。

正确的解答，可能只是模仿；而错误的解答，却可能是创新。因此，可怕的不是学生犯错误，而是教师错误地对待学生的错误。我们用"阳光心态"来观照学生的差错，用放大镜来寻找学生思维的闪光点。对学生有价值的差错，我们会引导教室里响起三四次感谢的掌声——首先为他不盲从的坚持，其次为他有根有据的说理，再次为他接纳他人观点后的修正，最后为他带给我们思考的贡献。这样持久地做下去，培养的就是学生做人、做事的好习惯。

差错之于学习就像砂粒之于河蚌，起初是拒绝，不愿意接纳，但又没法排斥，后来改变策略，分泌汁液来包容砂粒，反而培育出了晶莹剔透、流光溢彩的珍珠。

不怕出错，允许犯错，不等于鼓励和提倡犯错。少犯差错仍然是一条必须坚持的原则。只有学生在尽最大努力避免出错的前提下所犯的错，才可能最具有教育价值。

四、教师怎么才能融错？

这需要教师有较强的基本功，如：提高当堂分析差错资源性质与教学目标相关性的能力，需要提高教师对教材的解读能力和把握差错性质的能力。对教学目标的认识、把握越具体、越细化，捕捉差错资源的能力就越强；辨别差错性质的能力越强，临场调控的能力就越强，融错的效果就越好。因此，教师要重视对学生课堂差错的收集整理、分析综合、抽象概括。

但我觉得更重要的是——

第一，真爱数学。

周国平在《朝圣的心路》中说："我不想知道你有什么，只想知道你在寻找什么，你就是你所寻找的东西。"我在寻找数学，因此，我就是数学了。

您若问我"你喜欢什么？"我就是数学。我喜欢做数学题，喜欢看有关数学的专业书籍。学生爱看的书，我也看。谈祥柏教授的趣味数学出一本，我买一本。张景中院士的《数学与哲学》被我翻烂了。我用不同颜色的笔在书上反复批注着。优秀教师写的数学教学专著，对我来说，如同至宝。当年在江苏农村做老师时，我就邮购了"北京教育丛书"，包括李烈校长的《我教小学数学》。我从心底里觉得数学好玩。

关于小学数学教学内容，我认为，数学是玩具，是前人留下的玩具；数学就是游戏，就是在统一规则下的游戏。别把小学数学说得那么高深，那么玄乎，把小学生给吓住了。孩子们的手很小，抓不下。孩子们的心很大，还有其他。只要让孩子们感兴趣，那么每个学生都有可能把小学数学学得很好。切不可因为不断地"纠错"把学生对数学的好奇、对学习的兴趣扼杀了！

第二，喜欢学生。

我认为，学生都是天使，都是天生的学习者。他们往往比我聪明和智慧，是帮助我提高教育教学能力的人。教学过程的差错，也在教育我们教师"学做真人"。我曾经写过一篇《敬畏童心》发表在 2008 年第 12 期《中国教育学刊》上。

关于小学数学教师的角色，我认为，教师是组织者，是引导者，是合作者，但更是欣赏者。会欣赏学生，会欣赏乍一看不怎样的学生，会从数学的角度欣赏学生的正确，会从教育的角度欣赏学生的差错。把学生看作天使，我们就生活在天堂。只有从心底里喜爱学生的老师，才愿意从学生的"冷冷清清，戚戚惨惨戚戚"中"寻寻觅觅"。"童心"是儿童独有的创新的"基因"，热爱学生的老师几乎都能保留一颗永不衰竭的"童心"，能够理解学生的所思所想，这其中当然包括儿童们奇异的"错误"，使自己的教学能够与学生"心心相印"。

第三，痴迷课堂。

您若问我"你能做什么？"我就是数学。虽然工作之初，我教了三年体育，教得还不赖，但兼教的数学更是风生水起。虽然我做过主管一个乡镇中学、小学、幼儿园、成人教育的行政人员，做得有声有色，但我还是把自己安排到乡村小学执教一个班的数学。虽然曾有机会调到省政府坐办公室，但我还是因为舍不得离开数学课堂，谢绝了领导的好意。古人云"百无一用是书生"，我是"百无一用是数学"，这我很清楚。

您若问我"站在讲台上，你是谁？"我就是数学。在校园里，多数学生叫我"华校长"，偶尔会有学生叫我"华应龙"，时常有小调皮叫我"华罗庚"。学生叫我"华罗庚"，我喜欢。我写过一篇《学生叫我"华罗庚"》的小文章发表在《人民教育》上。"我就是数学"乃是我对数学老师专业素养的自我期许和终生追求，既用数学修身，也用数学育人，让学生学到更亲切更生动的数学。"一生只做一件事。"我的一件事是什么呢？那就是数学。

关于小学数学教学目标，我认为，让学生心中有"数"是最大的目标。学生从心底里害怕数学，那是最大的失败。如果我们的教学不仅传授知识，而且启迪智慧，更滋润生命，那么，我们要学生心中无"数"都不可能。

关于小学数学教学方法，我认为，教是因为需要教。不要在不需要教的地方，好为人师。叶圣陶先生有句名言："教是为了不教。"我觉得叶老的这句话可以从教学的过程和终点两个层面上来理解。我认为的"教是因为需要教"，是从教学的起点和过程两个层面上说的，对当下的课堂教学是有针对性的。学习本来像呼吸一样自然，教学就是带着孩子们一起玩。不要道貌岸然，而要道法自然，学生"水到"教师"渠成"，乃是至善。

关于课堂教学，我认为，课堂的美景在学生的眼睛里。数学教学应该把"冰冷的美丽"转化成"火热的思考"，不过，课堂的温度不应是冰冷的，也不应是火热的，因为那不是常态。课堂的温度应该是温暖的。温暖的感觉真好！

温暖课堂的是生命的温度，温暖的是课堂上的每一个生命。学生的差错源自他们的生命和生活，学生的差错是色彩斑斓的可爱的"童心"，与经历了几千年生命积淀的数学的相遇，让这种相遇演绎出美妙的传奇，成就美丽的人生，是我孜孜以求的。

第四，心存感激。

感恩的人会成功。因为感恩的人是幸福的，幸福的人才会成功。我感恩江苏，当年的我成为江苏省最年轻的特级教师，在我离开江苏八年之后，仍推举我和斯霞、李吉林、邱学华、张兴华等老师一起成为"苏派名师"。我感恩北京，李烈校长以及实验二小人欣赏我、重用我、教育我、包容我；西城区教委在我调来不久，一个星期内，安排我上两节大型观摩课，高规格地为我举办教学思想研讨会，成立西城区第一个名师工作室——"华应龙名师工作室"；北京教育学院遴选我成为首批"首都基础教育名家"；北京市教委一次又一次地聘请我为学科带头人、特级教师和北京市首届名师工程的导师；北京师范大学聘请我为兼职教授；2013 年，首届"明远教育奖"，全国大中小幼教师共 13 人获奖，我忝列其中……我感恩《中国教育报》《人民教育》《江苏教育》等报刊青睐我，抬举我；我感激我周围的每一个有恩于我的人，我感激我遭遇的每一件事，不管是愉快的，还是痛苦的。

感恩，是用一种歌唱的方式生活，它来自对生活的热爱。我感激我的学生在课堂上创造的差错，因为这样我才能在课堂上温暖地融错。

在课堂上温暖地融错，与其说是方式方法，不如说是策略智慧，它是在真爱数学、喜欢学生、痴迷课堂、心存感激中生成、发展与完善的；融错课堂教人求真、学做真人的价值也是在真爱数学、喜欢学生、痴迷课堂、心存感激中创造的。

黄厚江

江苏省语文特级教师,江苏省首批教授级中学高级教师,国标本苏教版初高中语文教材主要编写者,全国中语会理事、学术委员会副主任、教师发展中心副主任,江苏省中语会副理事长,苏州大学硕士生导师,南京师范大学语文教学研究中心研究员,苏州市教育名家。对中学语文教学有全面深入的研究,形成了系统的语文教学主张,倡导的"本色语文"和"语文共生教学"在全国具有广泛影响,分别获江苏省首届基础教育成果奖特等奖和江苏省首届教学成果奖特等奖。发表论文数百篇,主编参编教材、教参数十部(套),教学成果获省政府三项特等奖(唯一一人)。出版有专著《语文的原点》《享受语文课堂》《你也可以这样教阅读》《你也可以这样教写作》《还语文课堂本色》等。

我和我的语文本色教学

一、我从哪里走来

我从小就是一个很不安分的孩子。

母亲说我才刚刚学步，就想在木制篮车的边沿上行走，摔得鼻青脸肿。自记事起，我就经常挨父亲的巴掌，甚至被用细竹枝和绳子抽过屁股。主要原因是我经常闯祸，经常有同学到家里告状。在我的童年，包括已不是童年的很长一段时间里，我可以说是调皮至极，劣迹斑斑。我常说：教书30多年，还没有见过比我更调皮的学生。和许多早慧早熟的人比，我过去真的实在过于平常，甚至愚钝而顽劣。其实，我知道，我的很多朋友也知道，我现在也不是一个很成熟的人。我不知道这与我成为本色的语文教师有没有关系。

我是一个农民的后代。

由我这一辈向上数，我们家似乎没有出过读书人，都是地道的农民。尽管家谱上说我们家族的祖先中曾出过状元，然而是信史还是传奇或者演义，有待考证。我父亲是农民中的高手。看他扬场（用板掀把稻子或麦子抛上天空，借助风把干瘪或饱满的稻子麦子分开），那简直是一种艺术。他一抬头就知道是多大的风,是否适宜,他能根据风的大小调节手上的力量,使抛的高度恰到好处。等他扬完一个麦堆或稻堆,地上的层次非常清楚,最里边是土块瓦砾,然后是饱满的麦子稻子,再远处是干瘪的,最远处是草叶。他知道同样的风,扬麦子、稻子或黄豆分别应该是什么样的高度,什么样的斜度。"手里没数,眼里没数,心里没数,种什么庄稼!"不仅是我父亲一个人,村里每一个人几乎都有这样的智慧。我的一个伯伯,干活总是慢条斯理。"地里的活,急不来。""急吼吼,不长久。"他话不多,但经常能说出一些很智慧的话。他们的言行都深深地影响了我。

其实,我自己就是一个农民。高中毕业后我有过四年多非常地道的农民生活。这使我本来就纯正的农民血统,有了更为根深蒂固的农民意识。那四年生活,是我难忘的日子,也是对我影响深刻的岁月。我的劳动表现极好,深得生产队干部和大家伙的肯定。在我老家当年房子的墙上,贴满了我劳动的奖状,比我读书获的奖不知要多多少倍。可以说,我是一个很地道也很优秀的农民。我几乎干过所有又脏又重的活,驶过船,挑过大河工,甚至跳进两三米深的粪坑淘粪,寒冬腊月到一望无际的几乎没有人烟的黄海滩头割草。那几年的生活,使我对种庄稼和农民有了更深切的理解,也使我具有了更浓厚的农民气息。四年地道的农民生活,使我对农民的智慧,也有了一种更强烈的崇拜。

我有时候想,在今天的语文教师队伍里,我应该是个农民,或者说得好听点叫"农派"。他们的智慧帮助了我,他们的狭隘、容易满足、没有眼光,也一定制约了我。但没有办法,我是他们的后代,我是他们中间的一个。

我是一个来自底层的教师,把自己拔高一点,我是底层教师的代表。

1980年师范毕业后,我到一所乡村中学工作。那是一个公社中学,在一个叫刘垛的村子里。那是我做语文教师的第一站。那六年对我来说是至为重要的一个阶段。在以前的文章中,我谈过当时比较早的自发式的"教学研究"对于我后来成长的意义。现在想来,更有意义的是,那六年是我无拘无束甚至没有任何目的地自由地摸索时期。那时候没有教研员。教研组是有的,开会除了选先进，就是讨论救济金的分配。没有教研活动，没有集体备课，更没有什么统一的练习，什么月考统考。每个年级一个人，爱怎么干就怎么干。这真正成了我"大有作为"的"广阔天地"。成功了，没有人鼓掌；失败了，自然也没有人关注。精彩，没有人夸赞；难堪，也不在意别人讥笑。今天的年轻教师，就像今天的孩子，物质是富裕的，精神上似乎没有我当年的自由。有师父有导师，有这样那样的培训，有各种精神物质的鼓励，但就是没有我当年的自由空间。想到这些，真为今天的年轻教师感到委屈。也许受那一段日子的影响，我至今还固执地认为，一个真正的好教师，不是师父带出来的，也不是什么培训活动或者什么培训班培训出来的。——看，这就是农民式的思维。

在农村中学工作六年之后，我来到市里的一所省重点中学。这是一所在我们家乡很有威望的中学。在这所学校里，成绩决定一切，使我对考试有了更为深切也更为理性的认识。我知道考试使我们的老师很累，使我们的学生很苦，使我们的教育很可怕。但我想，倘若没有考试，或许更可怕。所以，我在全国很多地方和老师们说：让我们热爱考试吧！没有考试，我们国家的人才培养和选拔还一下找不到更好的办法；没有考试，很多孩子会受到不公平的待遇；没有考试，教师的社会地位会一落千丈；没有考试，我们很多老师会没有办法上课！当然，我坚决反对畸形化、魔鬼式地应对考试。考试并不可怕，这才真正可怕。所以我常常说：做教师不会对付考试，是不称职的；只会对付考试，是很可怜的；只会做题目对付考试，是很愚蠢的。我知道，这样想这样做是很没有境界的，但没有办法，我就是在那样的土壤上长大的。就像一个农民，知道吃饱肚子是最大的事；我就知道，别人的孩子要高考，自己的孩子也要高考。

这样的出身，这样的经历，算不得精彩，但它成就了一个这样的我。我是一个平民语文人，我是一个农民式的语文教师。

在语文教师中，我除了农民式的勤劳，一无所长。无论是学历还是经历，无论是学力还是学识，无论是素养还是修养，无论是习性还是悟性，我至多算是个"中人"。正因为如此，我常常想到我的课堂上的那些普通的孩子，想到那些和我差不多的语文教师。他们常常是我考虑问题的出发点。有人提出什么新做法，我就想：绝大多数学生能做到吗？绝大多数老师能做到吗？绝大多数学校能做到吗？家常教学能做到吗？当然是如果不偷懒、愿意做的话。

说自己是一个农民不是自谦，更不是自卑。是一个农民，使我对教育的理解，对语文教学的理解，更为接地气，也更为切中规律。叶圣陶先生"教育是农业"的名言，对我影响巨大。是农业，就要顺应四季的规律，就要会看天时，识天象，就要会看土壤，会看种子。是看，不是用什么仪器去测量，去检测。要能一看就知道什么样的地适合种什么，要能知道什么时候该浇水什么时候施什么肥。农民总是顺应天时，从不跟天斗。是农业，就不可不为，更不可强为，要相时而动。是农业，就没有流水线，更不可能数字化，就要少用化肥，更不能用激素。

实践本色语文，提倡本色语文，就是由这样一个"我"决定的。

二、行走在理想与现实之间

2005 年，《人民教育》的《名师人生》栏目约稿，我的文章题目是《行走在理想与现实之间》。我一直很喜欢这个题目。现在我已经到了快 60 岁的年纪，回头看看，觉得这个题目还是非常贴切地概括了我走过的 30 多年的语文教学之路和我的语文教学主张。我是一个现实感非常强的人，但我并非没有自己的教育理想，并非没有自己的语文教学追求。然而我从不将它们和现实对立起来。我不会因为现实让我们失望而放弃理想，也不会因为追求理想而不顾现实。

有记者问我：这几十年的路是怎么走过来的？

我说：一手拿着面包，一手拿着鲜花。

我一边想办法让学生考出好成绩，让家长开心，让校长放心；一边想办法把语文课上得更好玩，更像语文课，让学生喜欢，让同行认可，让自己有点享受。我一边为了备课读教参，做题目，一边写着文学作品，做着作家梦。我一边找亲戚通关系想调动进城，一边想成为一个优秀的乡村教师。我一边参加比赛，想获奖，想写论文，乐此不疲地上公开课，想得到圈子里同行的认可，想赢得一点虚名；一边研究语文学习方法，研究语文课堂教学，探讨什么才是真正的语文课。我一边积极投身新的课程改革，学课标，编教材，搞培训；一边思考着课程改革到底是什么，语文课程到底应该改什么。我一边拼命抓分数，一边琢磨着怎么才能真正提高学生的语文素养。我一边向前走，一边向后看。这一切好像矛盾，可我就是这么过来的。

因为这样的生活姿态，所以我对语文教学中的很多矛盾，都持"中庸"的态度。有人说我是个中庸主义者。我不把这话当作批评。

中庸，是儒家的一种主张，是孔子的重要思想。"中"不是中间，不是在两个极端中找到"中间"的那个点，而是找到"最适合"的那个"点"。中庸之意，就是在处理问题时不走极端，而是要找到处理问题最适合的方法。中庸又称为"中行"，中行是说，人的气质、作风、德行都不偏于一个方面，对立的双方互相牵制，互相补充。中庸是一种折中调和的思想，也是一种具有强烈民族特色的文化。调和与均衡是事物发展过程中的一种状态，这种状态是相对的、暂时的。孔子揭示了事物发展过程中的这一状态，并将之概括为"中庸"，这在认识史上是了不起的贡献。中庸不是骑墙，是"不偏不倚"，是"和而不同"，是"中庸致和"，是"执两用中"，是"权时而动"。尽管我并未真得中庸的精髓，但我不喜欢极端，我喜欢不偏不倚，我喜欢中庸调和。

大家不难发现一个事实，即几十年来我们在语文教学的许多问题上一直在两极之间摇摆。比如工具和人文的两性问题，课程改革的继承和发展的问题，守正和创新的问题，考试成绩和素质培养的问题，其他如学生主体和教师主体的问题，教学形式和教学内容的问题，接受学习和探究学习的问题，预设和生成的问题，感悟和积累的问题，自由写作和应试写作的问题等等，都是如此。即使像如何理解教学目标，如何对待语文知识，如何认识训练，如何认识文体诸如此类相对比较独立的问题，也会在要与不要之间形成两极。要么是没有目标跟着感觉走，要么就强调目标的课堂即时达成和实现。要么是知识中心，要么就淡化一切知识。要么全无训练，要么就全靠做练习。要么简单淡化文体，要么就是文体中心。对于新课程改革本身的认识也是如此，少数人标新立异，走得很远，很多人则一切照旧，我行我素；公开课花样翻新，看上去理念新颖超前，平时的教学则仍是低下野蛮的分数追求；写文章作报告高谈阔论，大讲时尚理论，办学上课依然是彻头彻尾的应试教育。这种种对立的两极思维和教学行为，严重影响了语文教学的健康发展和新课程改革目标的实现。当然最大的危害是对孩子们的伤害。

而我和我的本色语文在这些问题上从不走极端，而是力求"不偏不倚""执两用中"。

我们认为语文教学必须大力进行改革，但又强调必须在继承的基础上追求创新，坚决反对为改而改，为新而新，坚决反对一概否定，我们坚持认为语文教学改革是改良而不是革命。我们积极追求语文教学的创新，但又竭力倡导在立足母语学习规律的基础上创新，在遵循语文教学基本规律的基础上创新，在守正中创新。我们承认考试成绩对于学生对于家庭对于学校的重要，但坚决反对简单化、极端化甚至魔鬼化的背离学习规律、背离人性地应对考试，坚决反对把成绩作为唯一的追求，始终追求提高学生的语文综合素养。我们反对"教师中心"，但也不主张"学生中心"；我们认为语文教学不能没有目标，但又认为不必刻意追求目标的达成。

有人说语文教学应淡化语文知识，现在很多课堂里已经看不到语文知识；而有人把语文知识作为语文教学的全部，认为交给学生语文知识是最主要的甚至就是全部教学内容。我们认为，语文教学不能不教给学生语文知识，但知识的学习本身不是目的。学习语文知识是为学生语文学习活动服务的，是为提高学生的语文素养服务的。有人认为，语文知识就是语文基础知识，就是语法修辞，就是文体知识和文化知识；而有人认为语文知识是语文教学内容的全部。我们以为，语文知识是一个介于狭义知识和广义知识之间的中位概念。

有很多老师的阅读教学，就是教学文本的内容，文本写什么就教什么；而有的阅读教学则基本脱离文本，大搞活动，大搞拓展。我们主张和实践的是，阅读教学要以文本为平台，以文本理解为基础开展丰富的语文活动。很多语文课就是做题目式的训练，就是老师提问题学生找答案式的变相训练；而有些人则谈训练色变，有些语文课堂，形式越来越好看，内容越来越空泛，语文的基本训练几乎看不到了。我们说，要培养学生的语文能力和提高学生的语文素养必须进行训练，但语文教学的训练，不是做题目，不是做练习，而是融合于整个教学过程之中的听说读写等丰富的语文学习活动。有些语文课堂教学就是教教材，教材的内容就是教学内容的全部，教材编者的说法就是唯一的真理，教材的结论就是要学生接受的定理；而有些语文课堂教学则是所谓的"用教材教"，就是把教材作为一个引子，就是引出一个话题，随意迁移，随意组合，随意删改。我们认为语文课堂教学应该是教教材和用教材教的统一。

　　这些年，我们积极倡导本色语文，我们提出语文本色教学的系统主张，我们总结了本色语文的教学方法。我们组织各种活动通过各种方式推广语文本色教学，但我们绝不偏执地认为，只有本色语文才是语文。本色语文的核心主张是"把语文课上成语文课，用语文的方法教语文"，但我们绝不提倡狭隘的语文观，绝不主张囿于"语文"教语文，也绝不简单化地拒绝用其他的方法教语文，而是以学生语文学习的综合素养的提高为根本追求。只要真正有益于学生语文素养的提高，我们也采用"非语文"的方法。我们提出了语文本色教学的"学生立场"，但我们也特别强调教师在教学中的重要作用。我们心目中语文课的最高境界是，一切应有尽有，一切又都为了语文，一切为了学生语文素养的提高。

　　我们的宣言是本色，不是守旧；本色，不是倒退；本色，更不是无为。本色，不排斥其他风格；本色，也不放弃创新；本色，更不停止更高更好的追求。本色，是语文教学的原点。你可以走得很远，但这里是出发地。

　　可以说，在语文教学的所有问题上，我们都坚持了"不偏不倚""执两用中"的立场，我们努力在所有矛盾中寻找那个"最合适的点"。

三、守望在语文的原点

我喜欢用原点思维的方法思考问题。凡事，我常常从最原初的问题开始思考。

新课程改革之后，新课程标准提出了"语文是工具性和人文性的统一"，很多人关注的是到底是人文还是工具。我们想的问题是：什么是工具性？什么是人文性？又是怎样的统一？向课程专家请教，大多含糊其辞，或者还是把问题引导到到底是人文还是工具，甚至有的用神情告诉我：这样的问题也要问，也要想吗？

于是我们只能自己琢磨，而且有了自己的答案。

工具性的内涵是什么？我们以为，把语文定性为"工具"并不错，错在人们对"工具"的外延理解过窄，对"工具"的内涵没有准确全面地把握。尽管"语文的外延和生活相等"早就成了人们熟知的一句话，但人们并没有能全面把握这句话的内涵。"生活"绝不单单是"学习"和"工作"，也不单单是"交际"，甚至可以说，最主要的不是"学习""工作"或"交际"；丰富的"精神生活"和"情感生活"，是"生活"的主要内涵。于是，我们对语文课程的表达是：语文不仅仅是"学习"的工具、"工作"的工具，也不单单是"交际"的工具，而且是人们精神生活的重要工具。

什么是人文性内涵？思考的人不多，就是高举这面大旗的人也很少愿意思考。

语文课程具有丰富的人文内涵，但泛人文和人文内涵的缺失一样有害。我们认为，语文课程人文性的基本内涵有：一是培养学生对母语和民族文化的热爱；二是培养学生对生活的热爱和丰富健康的情感；三是培养学生独立的人格意识和良好的审美趣味。

那么两性到底应该怎么统一呢？我总认为语文课程的性质，关键不在于怎么表述，而在于怎么理解。最大的问题，是两性的对立和割裂。有人只有所谓工具，而且是狭隘的工具；有人就只有人文，而且是泛化的人文；有人什么都有，但是"两张皮"。我们的理解是：语文的人文性总是体现在语文工具价值实现的过程之中。

当然，我们想得最多的是：什么是语文教学？什么是阅读教学？什么才是中学作文教学的任务？

不止一个人对我说：你想这些问题干什么？有前辈，甚至是很有成就的前辈对我说：这些问题我们从来没有想过，课也教得蛮好的，学生也学得很好，考试也考得很好。似乎我是杞人之忧，庸人自扰。可我觉得，这些都是语文教学的原点问题，是语文教学的出发点，是阅读教学和写作教学的出发点。这些问题不弄清楚，怎么教语文？

什么是语文课？我们的理解是：语文课应该以语言为核心，以语文活动为主体，以语文综合素养的提高为目的。

中学的各门课程，必然有共同的使命；但每门学科也必然有自己的课程价值。那么什么是语文学科的课程价值和个性特征呢？对此，叶圣陶先生有过明确论述。他说："语文这一门课是学习运用语言的本领的。"新修订的《义务教育课程标准》也明确指出："语文课程是一门学习语言文字运用的综合性、实践性课程。"语文课程的基本任务是学习语言运用，母语课程的基本任务就是培养学生对母语的热爱和培养母语运用的能力。这本应该没有争议的问题现在成了最大的问题。

那么，怎样以语言为核心呢？那就是一切教学活动要充分体现语言元素，要紧紧围绕语言展开。具体来说：一是语言感悟，二是语言品味，三是语言解读，四是语言积累，五是语言运用。当然它们不是互相割裂，而是互相融合的。

什么是语文活动呢？

首先应该是"语文"的活动，而不是其他的活动。语文的活动，就应该是以语言为核心，以听说读写为基本形式的活动。其次是学生一定要"动"。所谓动，就是要对学生的学习行为，即对学生的语言学习和运用要有具体明确的要求。所谓动，还要体现学习的过程，尤其要体现学生自己阅读、自己体验、自己思考、自己反思、自己提升、自己完善的过程。这才是真正的语文学习。有些课堂，就是教师把现在的结论传递给学生；有些课堂，一问就答，一答就对，一呼百应。要么学生原来就知道结论，要么直接把结论告诉学生，这些都没有过程，也就都没有真正的语文学习活动。

语文的学习活动一定要"活"。所谓活，就是强调要根据具体的教学对象、具体的教学内容和具体的教学目的组织活动，而不是机械的公式化的程式化的流程，更不是照抄参考、照搬别人的活动。所谓活，应该能够激发学生的参与热情和学习欲望。这就要求活动的设计和组织能够针对学生的学习心理，体现语文学科的课程特点和魅力。理想的语文教学活动和学习活动，应该具有共生性，即活动具有现场的再生性，学习资源和活动形式都在活动中不断丰富。

我们对阅读教学的基本定位是：让学生在阅读中学会阅读，在阅读中获得多重积累，通过阅读提高语文的综合素养。

所谓学会阅读，就是把握阅读的基本规律，掌握各种文体阅读的基本方法，养成阅读的良好习惯；所谓积累，既指语言的积累、知识的积累，也指生活的积累和语文学习资源的积累，还指思想的积累和情感的积累；所谓语文综合素养，就是包含了知识和能力，包含了习惯和方法，包含了文化和审美，同时也包括情感态度与价值观等多方面的素养。

什么是中学作文教学的任务？或者说中学作文教学到底应该干什么？我们认为，从课程目标的角度看，中学作文教学的基本任务就是培养学生的公民写作素养；从学习目标的角度看，中学生写作的基本任务就是学习指令性写作；从教学目标的角度看，中学作文教学的基本任务就是培养学生的基本写作能力。因此，我们认为，中学作文教学的基本任务是：培养学生写作的基本能力，训练学生掌握常见文体的写作，让学生能够写好平常文章。

作文教学应该教什么？考察作文教学的现状，大概有这样几种情形：一是教写作知识；二是教写作技巧；三是教写作结论；四是教作文评分标准。我们认为，中学作文教学的基本内容应该是：一是感受写作的过程；二是体悟写作的规律；三是形成写作的经验；四是丰富写作的积累。这些才是对提高写作能力最有用的。

我们提出了语文本色教学，有人问：什么是本色？什么是不本色？本色语文课怎么上？我们都作出了明确的回答。

什么是本色语文？本色语文，即语文就是语文。本色语文的基本内涵有三层：一是"语文本原"，即立足母语教育的基本任务，明确语文课程的基本定位。二是"语文本真"，即探寻母语教学的基本规律，实践体现母语基本特点的语文教育。三是"语文本位"，即体现语文学科的基本特点，实现语文课程的基本价值。本原，是目标和任务；本真，是规律和途径；本位，是方法和效果。概言之，本色语文，就是学生按照母语的学习规律学语文，教师按照母语的学习规律教语文；就是把语文课上成语文课；就是用语文的方法教语文。

什么样的教学不是本色语文？以下种种就是不本色的语文，就是远离了语文原点的语文：

一是萎缩了的语文。很多语文课堂，很多语文老师的教学，很多同学的语文学习，只剩下一个目的——考试。教什么，学什么，都紧紧盯着考试；考什么就教什么，考什么就学什么。

二是夸大了的语文。几乎把所有相关甚至关系不大的东西都当作语文必需的内涵和责任。不是说语文的外延和生活相等吗？于是什么都是语文，语文也成了什么都是。什么都是语文了，而语文也就什么都不是了。于是什么都有了，就是语文不见了。

三是拔高了的语文。放弃了语文学科的基本责任，而去追求那些高位的目标。基础知识没有了，基本能力训练没有了。课文还没读懂，就和文本对话；文章还没有理解，就对作者质疑；基本内容还没有掌握，就开始探究。

四是虚化了的语文。语文课，越来越好看了；语文课，越来越热闹了。新理念越来越多，新形式越来越丰富。体验多了，积累少了；看影视多了，读课本少了；听录音多了，教师朗读少了；其他活动多了，语言活动少了。课上得越来越好看，学生的收获却越来越少。

五是转移了的语文。语文课不教语文了。作者写什么就教什么，教师自己喜欢什么擅长什么就教什么。语文课成了历史课，语文课成了地理课，语文课成了政治课，语文课成了班会课，语文课成了"艺术课"，语文课成了"文化课"。

有人问：你提倡本色语文的目的是什么？我说，是为了母语教育，是为了最普通的老师，是为了最普通的孩子。

于是我们提出了"语文教学的学生立场"：我们的一切教学行为都必须从学生出发。他们到底应该学什么样的语文？他们到底需要我们做什么？换一个角度看，我们所做的一切是他们需要的吗？对他们有意义吗？有用吗？我们要求他们所做的一切，是他们应该做的吗？是他们能做的吗？

于是我们提出了语文本色课堂的基本特征是"朴实"。简明的教学内容，简洁的教学过程，简易的教学方法；实在的积累，实在的语文学习活动，实在的语文训练。最终的目标是让学生有实在的收获。这样的课是任何一个愿意花功夫的老师都能做到的。

我们所追寻的一切，其实就是语文的原点：语文到底是什么？我们从哪里来？我们要到哪里去？

四、脚踩着坚实的土地

我是一个有着强烈现实感的人，甚至是一个很功利的人。

尽管我说过自己是"行走在现实与理想之间"，但其实还是个"脚踩在坚实的土地上"，低着头走路的人。我很少"怀想天空"，难得"仰望星辰"。

我是一个实践主义者。

我喜欢多做少说，或者只做不说。我做自己该做能做的事，我做多数人能做的事。我的所有想法都来自实践，我的所有主张都能付诸实践。自己不做的，我不写也不说；自己做不到的，不说也不写。凡是遇到新概念新思想新理论新方法，我喜欢问：这有用吗？这真能解决问题吗？我能做到吗？绝大多数人能做到吗？如果自己做不到，如果绝大多数人做不到，我很少接受，更不提倡。

基于此，我们每提出一个主张，就同时总结出实施的策略和具体做法。

我们提出了阅读教学的基本定位，就总结出实现这个定位的三个基本策略：一是以文本理解为基础；二是以问题探讨为引导；三是以语言活动为主体。简单地说，就是：文本理解—问题探讨—语言活动。而三者不是互相割裂，也不是机械拼接，而是互相融合，互相促进。

我们提出了中学作文教学的基本定位，就总结出作文教学的基本策略：一是必须坚持自由写作和指令性写作两者的结合和互补；二是努力建构立体化的写作空间，培养学生非写作状态下的写作意识；三是作文教学要优化教学行为和教学机制，努力作用于学生的写作过程。

我们提出语文本色教学的系统主张，就遵循母语教学的基本规律，依据语文本色教学的基本主张，运用共生理论提炼出语文共生教学的教学方法。

语文本色教学的核心主张是"把语文课上成语文课，用语文的方法教语文，学生按母语学习的规律学语文，教师按母语学习的规律教语文"，语文共生教学法的核心理念"用阅读教阅读，用写作教写作；在阅读中教阅读，在写作中教写作"，是语文本色教学核心主张的具体体现。

它要求教师必须用自己的阅读和写作引领学生的阅读和写作，用自己的读写感受引发学生的读写兴趣，用自己的读写体验激活学生的读写体验，用自己的读写思考激发学生的读写思考，用自己的读写发现引导学生的读写发现，用自己的读写经验引导学生的读写过程。它要求教师要重视教学过程和教学现场的教学价值和学习价值，让学生在读写实践中形成读写体验、掌握读写方法、积累读写经验和培养读写能力。引导和促进学生互相分享语文学习的感受，互相启发语文学习的思考，互相激活读写的体验，互相激活读写的思维。

语文共生教学法的课堂结构是"树式共生课堂结构"。我们将"树式共生课堂结构"概括为:"一个点,一条线,分层推进,多点共生。"用一个比喻说明,就是精选一粒种子,长成一根主干,伸开根根青枝,萌发片片绿叶。

一个种子,即共生原点。所谓共生原点,既是共生教学展开的出发点,又是教学过程展开的支点,还是教学活动的激发点。它具有激发学生的学习兴趣,引发学生的语文学习活动,激活学生的思维等生长性特点。一节课的教学可以是一个共生原点,也可以是两个共生原点,甚至有多个共生原点。一节课有共生原点,每个主要教学活动也有共生原点。共生原点的选择,具有很强的丰富性和开放性。

一根主干,指由一节课的共生原点延伸出去的一条教学主线,即围绕具体教学内容的教学活动的科学组合。树式共生教学结构,有的一堂课一个主干,称为单株结构;有的一堂课有两个主干,称为双株结构;还有的一堂课可能有多个主干,称为多株结构。根根青枝,是指在突出教学主线的同时,根据具体教学情景和教学需要"旁逸斜出"的"节外生枝"。片片绿叶,是指无论是主干还是分枝,都必须追求鲜活的教学细节。

在树式共生教学结构中,"种子"和"主干"更多的是预设,"分枝"和"绿叶",则更多是教学过程中的生成。对教学过程中生长出来的"枝""叶",教师必须及时进行"修剪",以使课堂教学既枝繁叶茂,又主干强壮,既主线突出,又充满活力。

我们还总结了共生教学的操作要领:

(1) 选好共生原点。共生原点的选择,是共生教学成功的基础。共生原点应该是生长性和操作性的统一,教什么和怎么教的统一,人文性和工具性的统一,学生学习需要和教师教学需要的统一。

(2) 激活共生现场。共生教学的基本特征是"以活激活"。活的教,活的学,活的内容,活的过程,活的课堂。既指教师的"活"教,也指学生的"活"学。"活",是师生之间高度融合、互相"激活"的教学情景。"活"是内容和形式互相统一、互相作用，行为和结果双向互动和促进的教学境界。

激活共生现场，要求必须尊重所有学生的学习表现，善于及时发现教学现场的共生原点，善于激活学生现场的学习热情，能够对学生的学习进行及时的深度引领。

（3）促进共生过程。共生教学的核心是共生共长。"生"，即体验，即感受，即发现，即创造。有教师之"生"和学生之"生"。教师之"生"是基础，学生之"生"是根本。"长"，即成长，即提高，即发展，即实现。有教师之"长"和学生之"长"。教师之"长"是条件，学生之"长"是目的。"共生共长"有着丰富的内涵：既有资源共生，也有情景共生；既有言语共生，也有情感共生；既有思想共生，也有精神共生；既有阅读共生，也有写作共生。促进共生过程，要围绕共生原点开展多层次、多角度、多种形式的教学活动。

有老师说：黄老师，你的教学主张很好，你的教学方法很新，但我们不知道课上怎么用，你能用课堂告诉我们怎么教吗？于是我就用课堂表达我的教学主张和教学方法，分别为共生教学的20多种课提供我自己的典型课例。我还不遗余力地到处上课。全国中语会召开本色语文研讨会，我原来准备执教六节课，从初一到高三各种文体各上一节，后来大家怕我太疲劳，让我执教了四节。我的课上得不好，但一定都体现了我的主张，一定都体现了我的教学方法。

我的脚，始终踩在坚实的土地上。

语文本色教学受到很多老师喜欢，很多老师愿意与我一起同行，这可能是很重要的原因。看得到，见得到，学得到，做得到。

五、路还在走……

转眼间，我已经是快60岁的人了。但语文的路还要走下去，估计我还是我：一手拿着面包，一手拿着鲜花，心中装着梦想，脚踩在坚实的地上，一路向前……

黄玉峰

复旦大学附属中学特级教师,上海写作学会副会长,复旦大学社会科学高等研究院特聘教授,复旦大学高等教育研究所硕士生导师,华东师范大学中文系硕士生导师,上海语文学会理事,上海诗词学会理事,复旦大学书画篆刻研究会理事,上海语言工作协会理事。深耕教坛四十余载,形成了独特的教育理念与系统的教育方法,至今仍站在教育的第一线上。近年来,更受邀在多所大学、机关、社会团体讲学,致力于传播"人"的教育。

我的语文教学理念和实践

一晃,已经从教48年了。经历了教育领域48年的风风雨雨,我对语文教学,总算有了自己较为成熟的见解。

曾经,我的很多想法和做法,被人认为是不合时宜的,是偏激的,甚至被扣上"叛徒"的帽子。实际上我所有的做法,都来自背后理念的支撑。支撑着我的所有教学实践的理念,恰恰来自对传统的继承,也来自我的教学实践。我的理念是旧的,不是新的;是保守的,不是激进的;是因循的,不是独创的。回归纯粹,回归常识,回归传统,然后有所发现,有所发展,有所创新,始终是我坚持的立场。借用龚自珍的一句诗:"何敢自矜医国手,药方只贩古时丹。"现在,我还在教学第一线。我就从这个立场出发,谈谈我对语文教学的理解和实践。

一、学语文的目的是什么?

要问学语文的目的是什么,首先要明确教育的目的是什么,教育的终极关怀是什么。这个问题非常重要,因为人文性和工具性的取向不同,造成了不同的语文教学方法。曾经，因为叶圣陶等老一辈教育家的权威影响，"工具性"一度大占上风。而如今，工具性开始式微，人文性试图抬头，却又出不了有分量的效果，也就造成了现在的语文教学茫茫然不知头绪的乱象。

而我一直相信的是康德所说的：人是目的。换言之，教育的目的就是为了人本身的健康成长，而不是其他。

那么，什么叫人的健康成长？中国古代典籍《中庸》有明晰的阐述。《中庸》开宗明义第一句话就是："天命之谓性，率性之谓道，修道之谓教。"如果粗浅地解释一下，那就是要使受教育者按照他自身的天性自由自在地成长发展。这就是教育。《中庸》紧接着还道："致中和，天地位焉，万物育焉。"也就是说，要让每个人，在自己所处的位置上健康成长，以达到"自身"乃至"万物"和谐发展的境界。这就是教育的目的。

教育的目的是成全一个人的丰富和无限发展的可能性。学习的目的是为学习者将来一生的幸福打下基础。语文与一般的学科不是同一个概念。语文是底色，是人生，是生命本身！而思想的深度取决于学习母语的深度。母语学到什么程度，整个文化底蕴及思想的深度就到什么程度。母语学习，对一个人的发展有着不可替代的作用。

这就是我对语文的认识，也是我的语文教学的出发点。

这个信念成了我对所有教育理论的试金石。任何语文教育理念，到它面前一试便知：只要是能让学生感到充实丰富的、激发其生命力的，就是真正以人为本的"真语文"，而凡是让人感到枯竭的、束缚的、僵化的、倦怠的，不论带着多么高的帽子，都是"假语文"。我这40多年所作所为，认定四个字：去假存真！

2008年，我曾有幸应复旦大学社会研究院邓正来院长之邀，在一群天之骄子、高材生面前，作了一个关于基础教育的报告，题为《人是怎么不见的》。当时我说：教育的最终目的，是让人自由生长，是让人性升华，是要让人快乐，而我们的教育却给人带来痛苦。有五根绳索，捆绑着我们的孩子，让他们无法成人。功利主义、专制主义、科学主义、训练主义、技术主义，这五条绳索，把孩子绑得喘不过气来。"人"不见了，我们的教育被迫在"聪明的精神病患者与具有良好适应能力的笨蛋"之间作出选择。爱因斯坦说："用专业知识教育人是不够的。通过专业教育，他可以成为一种有用的机器，但是不能成为一个和谐发展的人……"后来听说，这次报告引起了很大的反响，讲稿被传到网上引来许多共鸣。

世人以金为贵，现在评价一件事，往往讲究含金量。其实，教育倒是应该多讲"含人量"。孔子一生推崇的最高价值是"仁"，其实就是"人"。孟子说："人之所以异于禽兽者几希，庶民去之，君子存之。"孟子认为人与动物相区别的其实很少，只有那么一点点。这一点，现代生物学已经证实，人和黑猩猩的基因差异只有 0.75%。孟子说，这一点点的差异部分，就是人性。能够保留住人性的，便是君子。教育所作用的，也就是保留和激发这么一点点弥足珍贵的"含人量"。

读书归根到底是为自己。陈寅恪先生有一首送给清华毕业生的临别赠诗，不妨将其作为每个教师和学生的座右铭：

"天赋迂儒自圣狂，读书不肯为人忙。平生所学宁堪赠，独此区区是秘方。"

二、学好语文的根本途径是夯实基础，死去活来

以人为本，顺其天性，不等于不必严格教育。幼儿时期、青少年时期，给予学生一定的约束，进行一定的规范，引导他们积累文化底蕴，不会影响个性的张扬，反而有利于今后的发展，有益于个性的形成。

基础教育的本质是积累。这本是一个常识，但这个常识现在却在不断地遭到破坏。

从教育决策部门，到许多的教师、学生，潜意识里都很容易被所谓"多快好省"的新奇方法和看似高深的术语名词吸引，尽管稍加理性分析就可知道那

有多么不靠谱，但还是难免一次又一次地去追逐那些华而不实的东西。究其原因，还是浮躁功利的思想在作怪。

大量的积累，是学好语文唯一的方法，没有任何高效策略可以替代，教育不能搞大跃进，不能多快好省，不能超越人的发展阶段。只有先"死"去，然后才能"活"。我称之为"死去活来"。这个事实其实已经被古今中外的教育家反复强调了无数次。当代法国教育家阿兰的一段话值得我们深思："怎样学语言？向大作家学，别无他途，到最严密最丰富最深刻的语句中去学，而不学那会话课本的平庸语句。"要"法乎其上"。大量阅读，并且是阅读原著，这是学语文最快也最有效的方法，也是语文教学的"本"。

而积累最好的方法或者说捷径，就是阅读。这就需要去朗读，重要的地方还要背诵。

为什么语文学习和语言学习必须重视"背诵""默写"，这同语言学习的规律有关。美国当代心理学家加涅在《学习的条件》一书里讨论了言语学习的规律。他认为"言语学习要学会记忆，同时也使这些信息可以在学习者今后将要遇到的那些情境中发生迁移"。另一位心理学家盖茨用实践证明："不论是学习效率的提高，还是记忆总量的增加，两者都是由于把不断增加的学习时间百分比用于背诵促成的。"这就明确地说明了"背诵"在语言学习中的作用。学习任何一种语言，没有丰富的词汇积累、语言素材的积累是不行的。这一点中国语文教学有优良的传统："熟读唐诗三百首，不会作诗也会吟"，"劳于读书，逸于作文"，等等。这些被很多人斥之为"死记硬背"的做法，正是最有效的办法。因为对经典作品必须花力气去涵泳体悟，而朗读与背诵，就是涵泳体悟的过程，就是继承前人成果的过程。

我们平时看到大行其道的往往是，书没读几页，便急着"分析""创新""研究"。学过教育心理学的老师都知道，在布鲁姆提出的认知发展模型里，顺序是认知、领会、运用、分析、综合和评价，"研究"所涉及的是分析、综合和评价，就好比是金字塔的塔尖。想要站在塔尖上发光，功夫要下在基础上。其实我国的古人早在两千多年前就把同样的意思说得很明白："博学之，审问之，慎思之，明辨之，笃行之"，"博观而约取"。如果没有积累为本，分析是空费时间，毫无用处，甚至反而有害——因为它会让没有根基的学生被迫跟着那些未必高明的参考书或者命题者的思路亦步亦趋，只能嚼别人嚼过的馍，永远也没有办法培养出自己独立思考的能力和习惯。

我最早开始对这种现象提出批评，是1992年，在《语文学习》上发表了长文《还我琅琅书声》，副标题是"兼论四十多年来语文教学的误区"。其中有这样一段话：

"几十年来，风云变幻，无所适从，舍本逐末，锦拳绣腿，闹得不亦乐乎，就是没有让学生好好读书。读书人不读书这不是笑话吗？正是这个笑话，害得语文教学到如此地步。这就好比吃饭，整整十二年，可怜我们的孩子天天在分析研究如何吃饭，分析研究饭里有些什么营养成分，可就是没有真正地吃上几口。无怪乎到头来个个面黄肌瘦，营养不良，像个瘪三……"

1998年，我又发表了《中学语文教学中的"背诵""记忆"问题再认识》，重申了自己的观点。至今，我仍然坚持这个观点。我相信，学语文最好的方法就是两个字：读书。书读千遍，其义自见，大道至简，复归于朴。

学生上我的第一堂语文课，除了是他们感兴趣，还有一个"下马威"。我在黑板上开出一系列必背名作，从《长恨歌》《琵琶行》到《吊古战场文》《滕王阁序》一大堆。这近乎苛刻的作业在当时每每引来一片"哀嚎"。然而，很快学生就会发现，自己的潜力是无穷的。一周下来，大部分同学都能顺利完成"作业"。而这正是我接下来的语文课能特别顺利、游刃有余的秘诀。

当初有个同学，现在早已工作了，在公司里担任着重要职务，人人称道他记忆力极强，出口成章，叫人羡慕。很多人问他，诀窍何在。他在报纸上发表了一篇谈自己学习体会的文章，回顾了自己在复旦附中文科班那一年的"背诵""强记"的经历。文章题目就是《读读背背好处多》。当然，我们现代提倡背诵，还是可以和古代私塾式的做法有所区别的。除了硬"逼"，还可以多方开动脑筋，让学生对"背诵"产生兴趣。我曾用自己精心抄写的小楷《离骚》的条幅作为奖品，"利诱"学生背《离骚》，收到惊人的奇效。

背诵朗读不但能积累语言材料，积累各种不同的思想，积累丰富的情感，还便于反刍，在反刍中加强理解，加强分析判断能力。最简单的常识是：腹中空空拿什么进行思考？！独立的精神和主张，不是空中楼阁，不是无中生有，而是在自己读过的各种各样的思想交锋之后所迸发出来的。

三、上好每堂课是激发、点燃、引导、碰撞、升华的最重要的场所

课堂的时间是最宝贵的，因为只有课堂时间，才是最有保障的、教师真正可控的时间。如此宝贵的时间，一定不能浪费在喋喋不休的废话上面。每一堂课，都必须精心准备。我甚至觉得，如果没有很好的想法，还不如不讲，让学生自己读书，说不定效率还高一点。如果要讲，那一定要有自己的观点，不说言人之所未言，至少也要有深刻的理解。

讲课的形式，倒是可以不拘一格的。现在机械的、标准化的课堂评价模式很有问题。现在的评课，动辄被分割成几个踩分点，PPT做得如何，板书设计得如何，课堂上学生是不是"活跃"，仿佛一道道铁箍，让新教师们不敢越雷池一步。实际上，课堂是属于人的，学生老师都是人，那些课文的作者也是人，语文课就是人与人之间的对话，怎么可能标准化呢？

不同的课文，应该有不同的上法，不能是一个模式，千篇一律。有时候，我就以"满堂灌"的形式授课，用大量的材料、最广泛的联系来"灌"给学生。比如学苏轼的《念奴娇·赤壁怀古》，我就把历史上"念奴娇"词牌下面几乎所有的名作一一拿来鉴赏，从张孝祥的《念奴娇·过洞庭》，到毛泽东的《念奴娇·鸟儿问答》。又如教《过秦论》时，我几乎联系了所有相关的材料，有三苏的《六国论》，有李桢的《六国论》，有杜牧的《阿房宫赋》，还有章碣的诗"坑灰未冷山东乱"，毛泽东的诗"劝君莫骂秦始皇"……目的就是让不同的观点在

课堂上针锋相对，制造冲突，撞击出火花。而学生就仿佛是在观摩一场精彩绝伦又内蕴深刻的辩论赛。学生很聪明，很多东西不需要怎么分析，只要你的内容足够充实，他们自然会去比较，产生想法，作出判断。谁说满堂灌只是机械被动而没有学生的积极参与？那是心的参与！

有的时候，我以"疑"带教，用"满堂问"的方式。对于一篇文章，教参的解读可以质疑，前人的解读可以质疑，甚至课文作者本身也完全可以质疑。讲《拿来主义》时，我们发现这篇被千万遍称道的"典范"议论文，看似严密，其实逻辑混乱，推理充满典型的漏洞。偷换概念，前后矛盾，顺手牵羊，乃至借谈公事泄私愤的情形比比皆是。教《我所认识的蔡子民先生》一课时，因为我要求学生课前阅读冯友兰的传记《三松堂自序》和相关材料，学生了解到冯友兰在"文革"前后的表现，有的学生便读出了课文背后冯友兰的忏悔和挣扎。

有时候我是逐字逐句细细地讲。我不愿意让学生的关注点只停留在课文本身，而是希望他们能读出文章背后的东西。比如《世间最美的坟墓》，一般教参往往将其理解为"赞美朴素"而已。其实这既不是一篇普通游记，也不仅是赞美托翁的"朴素""平凡"，还在赞美他的人道主义精神——"托尔斯泰主义"，更有对俄国现实的不满和批评。当然这样的理解只有在大量阅读有关资料，反复推敲文本每一句话、每一个词的基础上才能产生。文章里说"这块将被后代怀着敬畏之情朝拜的尊严圣地远离尘嚣，孤零零地躺在林荫里"，只有理解了当时"革命热情高潮"的俄国人民的情绪，才能理解"将被""远离尘嚣"以及"孤零零"这些词的深刻含义。又如《兰亭序》，从表面上看毫无疑问是"先悲后乐"的线索。其实联系背景，才能看到当时东晋的世道，每个人都面临随时死亡的威胁，永和九年天空中飘荡的死神，促使士人们开始寻求及时行乐。了解这些才能理解"一死生为虚诞，齐彭殇为妄作"背后的无奈和作者王羲之的真实心态。

有时候，我却一字不讲，只是简单地把课文朗读一遍。朗读也可以有多种形式。可以是教师来读，我上鲁迅的《药》，就是一读到底。以前我学过一点评弹，讲起故事来声音还是颇吸引人的。通过朗读，让一幅幅画面在学生眼前展开，仿佛看电影一般。什么底层民众的麻木，什么明线暗线，不需要多说，学生几乎都理解了。当然，也可以请学生来读，所有的人都参与。分角色朗读，又是一种效果，尤其是对于剧本，比如《雷雨》，朗读其实就相当于表演。自己演一遍下来，对角色的体会，对冲突的感受之深自不待言。

读书是根本，为了让读书成为常态，成为习惯，必须有激励机制，这激励机制就是课堂。那些没有读过某些材料的同学将在课堂上哑口无言呆若木鸡，而有准备、大量阅读的同学将侃侃而谈，让师生以惊喜羡慕的眼光看着他。这就是最大的激励，这就是最好的引导，这就是课堂教学的成功！

关于课堂教学，还有许多学问与技巧，比如如何拓展，如何穿插，如何停顿，如何设景，如何叙述，如何比较，如何暗示，以及如何拗救、铺垫、开篇、结尾等等，最需要教师认真探索。

四、语文的外延与生活相等

有句话说，生活有多大，语文就有多大。我是这种思想的信徒。语文好比是一座冰山，课堂时间固然重要，却只是冰山在海面上露出的一个尖儿。课本之外有万水千山，课堂之外有万紫千红，那是冰山在海面之下的部分，却占去百分之九十九。那才是主体。只有和生活，和人生融汇在一起的语文，才是真语文，"活"的语文。这样学习到的语文，会和人的喜怒哀乐、一呼一吸结合，变化气质、陶冶情操的，才能称得上是"人文"。

老师要创造条件，调动一切手段，让学生有机会把语文带入生活，真真切切地感受到人文素养给生活质量带来的提高。

有学生说："来到文科班以后，因为语文课，我遇到了前所未有的自己。"我要的就是这样的效果。他们来了以后，很多以前从未想过自己可以做到的事情，从未设想可能达到的高度，都一一做到和实现了。

比如，每学期编一本属于自己的杂志。我们的班刊《读书做人》从1998年开始出，到现在也有20多年历史了，算得上一项老字号的传统。所有的撰文、编辑工作，全部由学生自己完成，只有封面题字是我用毛笔写的。每期往往再配上和本期主题相契合的丰子恺的画。各个栏目的名称是同学们和我一起字斟句酌地敲定的：论文研究收在《哀荆之旅》，杂谈社论定名为《经世济民》，自编剧本归入《梨园新蕾》，历史小说称为《故事新编》，散文随想是《细雨湿衣》，观点切磋是《呦呦鹿鸣》，还有一个栏目专登征文大奖赛落榜，班里同学却认为有可取之处的文章，名曰《折戟沉沙》。封二、封三上则登满了同学们的书法国画篆刻作品。曾经蒙一先生谬赞，说这可能是中国最好的班刊。我们虽不敢承此溢美，但内心确实是为此自豪的，因为我们在这本刊物上呈现出了最好的自己。

又比如，可以客串一把男女主角，过一把演戏玩票的瘾。可以演那些经典的剧本和课本改编的课本剧，像《一棵树》《雷雨》《屈原》。剧本只有通过演，才能真正沉进去，才能对角色的理解和情节的设定提出自己独特的思考。当然也可以自己来做编剧，写一出属于自己的大戏。我们班的学生曾自编自导，完成了一出原创话剧《她在等什么》，讽刺应试教育的弊端，在五地小品汇演中获得演出金奖和创作金奖，还在学校艺术节进行公演，引起了很大的反响。这不但让学生平时的一些思想得到了积淀和升华，也很好地锻炼了他们的口才。

再比如，学习篆刻，学生们没多久就能像模像样地在方寸间设计起一个世界，教师节时还义务给老师刻章。还有练习书法，学画国画，其实也没有想象中困难。经过一两年的课余练习，无论学生原来基础如何，总能有拿得出手的几幅字，或者几幅梅竹兰菊。于是我便开书法展览会，让每个人都有作品参展。这是为了让他们渐渐地认同自己为"文化人"，把诗书画印、古今文士作为自己的朋友，想来备感亲切。

总之，经过了这些，他们的高中生活，充满丰富的阅历，成功的体验。这时候积累起来的效能感和自信心，可能比学到的知识陪伴他们走得更远。

像这一类的"花样",还可以举出更多,根本没有穷尽。有了正确的理念,办法是多种多样的。关键是教师要有心思、有情趣,根据不同条件、不同时机、不同生源,制定不同的教学方案。

五、行万里路的文化学旅

无论多么先进的多媒体设备,都比不上对实景实物的一瞥。我们东方传统教学的形式曾是活泼不羁的。《论语》中说:"莫春者,春服既成,冠者五六人,童子六七人,浴乎沂,风乎舞雩,咏而归。"严肃如孔子,也为这美好的情境动容。现在时代进步了,师生却不得不围于一间教室,守着一块黑板和一摞枯燥的参考书学习,真是咄咄怪事。

我坚信,没有受到过"从游之乐"的熏陶,便不能称为受过完整的人文教育。于是,对每一届的学生,我都千方百计地创造机会,让他们得以"走出去"。利用寒暑假和其他节日长假,在旅途中学习,美其名曰:文化学旅。因为多年的坚持,如今已经成为了复旦附中文科班的传统。

可以出去"玩",学生当然是欢天喜地。但是在最开始时要得到家长和领导支持并不容易。从安全的保障到交通住宿,我都做了周密的安排,方方面面都照顾到。反复和家长沟通,才能换来家长的安心。能做到这种程度,是因为我相信这么做非常重要。有些事情一定要让学生在读中学这个年纪经历。

还记得在安阳的小屯村,我们邂逅了汉字的老祖宗——甲骨文。在殷墟保存最完好的妇好墓旁,习惯了每天用电脑键盘来敲击汉字的学生们,看到一片片刻着古老文字的龟甲兽骨,瞪大了眼睛。这些文字和今天的汉字一脉相承,既神秘陌生,又如此熟悉。他们争相寻找自己的姓氏对应的甲骨文,小心翼翼地描摹那个图案,好像找到了自己的根。这样的现场教育,是无可替代的。

就这个学年,我已经带学生出过三次远门。第一次是去山东,在曲阜拜谒被称为"三孔"的孔府、孔庙、孔林。一路走,一路学《论语》。看着书本上记载的那些古老的地名，真实地出现在自己脚下，学生顿觉无比的亲切。第二次是去台湾。和那里的同龄人朝夕相处八九天，从政府领导到小吃店的阿伯都接触到了。我们还去了林语堂、胡适、钱穆的故居，去了台湾故宫博物院……第三次是徒步行走在徽杭古道上，目的地是绩溪，走进胡适和陶行知的故居。这一路上每个学生都至少写了一诗一文，回来以后编成了四本小册子：《齐鲁行》《台海行》《徽州行》《徐州行》，精美而充实。

如果时间短，我们就去上海周边。江南吴越，自古是名士风流之乡，文脉鼎盛，自然不缺文化营养。有时候，我们会跟着语文课本走，上《项脊轩志》就去嘉定震川书院，上《兰亭集序》就去绍兴兰亭。如果只有半天，在市内走走也不错。学冯友兰的《我所知道的蔡孑民先生》，就不妨去蔡元培故居看一看。

呼吸文化，触摸历史。语文是鲜活的生命留下的痕迹，亲近现场之后再看那些文字，感觉一定不一样。走一遍大师走过的路，喝一口他们喝过的水，看一看那些流传千古的文字诞生的地方，这些文化名人在同学们的心中就活了起来：哦，原来这个地方是苏轼来过的，我现在站的土地他当年也站过，我看到的东西他当年也看到过。以前背的那些诗文会变得好有真实感！

但是，收获还远远不止如此，更大的收获，是旅途中形成的互相友爱的同学关系。在黄山上一起"夜观天象"，看到满天繁星，大家突然体验到宇宙之浩大，人与人能够相聚，有缘同窗一场，多么值得珍惜。学写格律诗后，大家互相唱和，感觉比那些社交网站的互动有意义多了。登泰山，那么多台阶，同学们互相扶持，"拉拉扯扯"，终于全部登顶。在绍兴的大禹陵，要登上那么高的底座，有人甘做"垫脚石"……在旅途的陶冶中，孩子们自然而然学会了很多，班级的风气非常好，同学间亲如兄弟姐妹。《学记》云：独学而无友，则孤陋而寡闻。有好的学习团体，才会有好的学风，有好的学风才能实现"共学"。

六、学有余力，则以研究

研究性学习的成果，是文科班教学最吸引关注的地方。我们的班刊《读书做人》和其他一些平台，不时会出现一些班里同学创作的小说或小论文。且将部分题目展示如下：《从探轶学看〈红楼梦〉的悲剧色彩》《浅谈中国知识分子的责任》《以多角度比较分析〈包法利夫人〉的悲剧》《屈原人格探源》《杜甫之死献疑》《李白的狂与逸》《人性与战争小说》《荒诞属于谁》《比照西方启蒙运动中的信仰与危机》《读一读我们民族的内心》。也许令人难以置信，但这些文章确实出于高中生之手。积累至今，我们也有了一批研究论文类型的文章，结成一册论文集，称为《学魂重铸》。另一方面，这些孩子除了理性的研究，也有感性的创作，我们把平时同学们写的诗收集起来，印了诗集，有现代诗集《未晞》，古诗集《逸山诗抄》。每当有远客来访，我都会郑重其事地将这些作为礼品相赠。

丰硕的成果，引来了不少羡慕和效仿。文科班也被一些人视为研究性学习的"模范"。但实际上，我对于研究性学习的态度，始终是有所保留的。

"研究性学习"是教育部在 2000 年提出的，也因此而引起一股风潮。其实这个理念并没有多么新鲜和现代。最早的教育学典籍《学记》就强调要"道而弗牵""开而弗达"，要激发学生的自主探究。而在这方面作出过最系统和深刻的阐述的人，是美国芝加哥大学实验学校的创办者杜威，那也要追溯到一百多年前了。

早在研究学习之风滥觞之前，我们已经在尝试写论文。1999 年，我就开过一个论文答辩会，邀请了钱理群、陈尚君、骆玉明、陈引弛等 15 位大学教授、学者参与答辩。

反思我们近几十年的教育，存在着灌输太多，不尊重学生主体性的问题，于是教育部才把"研究性学习"作为一种口号提出来。但是我总有一点担忧，根据我国的历史教训，很多运动的口号精神初衷并非不好，但在试行过程中不问青红皂白的一窝蜂，反而会误事。

我认为，研究应该是在学生基础的积累已经得到保证的前提下，学有余力再加从事的活动。

这并不是说只有"好学生"才有"资格"进行研究性学习，我们当然应该鼓励所有学生去探究问题。而且以研究为契机，整理自己的学习收获心得，本身是一种非常好的提高的方法。但是，我反对为研究而研究，为了弄出所谓"成果"而拼拼凑凑的急功冒进之举。

研究性学习首先是一种思维，一种精神，而不是"研究"的形式。在平时的教学当中，我们就应该培养学生研究的意识。比如对课文的理解和探讨，鼓励学生质疑和思考，这些都是在培养研究精神。学生们先在课堂上体验到提出问题，追溯原始资料，寻找线索，分析辩驳，最后抽丝剥茧而成一家之言的过程，掌握了科学的思考方式。然后我们再引导他们对自己感兴趣的问题开展研究，把过程写成论文，乃是水到渠成的事。

还有一点要注意的是，研究性学习对教师的要求其实非常高。指导教师自己必须有一定的研究能力和素质。学生的论文题目涉及文学、教育、史学、社会等诸多领域，对教师的知识面有不低的要求。要写一篇有质量的论文，在专业知识、行文逻辑、观点材料上都要做大量细致的工作以及具备反复修改的耐性，殊非易事。但是，一旦决心去做好，收获一定是非同一般的。

七、集中时间，打造专题

"专题"式的教学，是近年来我在尝试探索的。"专题"是相对于零零碎碎的"知识点"来说的。我认为今天语文教学低效的原因，与不合理的组织形式很有关系。我们平时花费了大量的时间在"总结""提炼"知识点上面。可是语言的学习，是需要"浸润"的。散散落落的点容易丢失，编织成一张巨大的网，反而容易把握得住。一滴水要在大海里才不会枯竭，而"专题"正是为学生提供这样一片"大海"。

具体的做法，是集中一段时间，把和一个主题相关的所有知识点都集中在一起，根据需要，把几篇相关的课文和大量课外的文章组织在一起，然后再配合相应的活动。每隔一段时间就组织一个"文化专题"，进行"集中轰炸"。围绕着专题，我们不仅仅进行阅读，还有讨论、作文甚至开展一点研究，内容极丰富，而且由于主题集中，学生不觉得烦琐沉重，反而兴致盎然。

专题可以以人物为题。比如说，李白的诗，在整个基础教育阶段，占的分量不轻，老师也花费了许多时间去讲。但是很多学生毕业以后，说起李白，除了妇孺皆知的"床前明月光"之类，还是说不出多少所以然来。这就是知识点太碎，学生形成不了完整印象的缘故。曾经为了打造一个李白的专题，我把《李太白全集》看了一遍。把李白的生平和诗作结合在一起，用常识思考。讲李白时凸显他的性格。从他的大量求荐书，如"生不用封万户侯，但愿一识韩荆州"，到应玄宗征召时所写的诗文"游说万乘苦不早，著鞭跨马涉远道""仰天大笑出门去，我辈岂是蓬蒿人""天门九重谒圣人，龙颜一解四海春"，可以看到他本身负有强烈的功名欲，实际上非常愿意为了实现自己的抱负去"摧眉折腰事权贵"。"我本楚狂人，凤歌笑孔丘"反映出一种掺着胡人血统的桀骜不驯。《清平乐》的三首诗，既能看出他才华横溢，也看得出他对权贵的极力逢迎，可知所谓贵妃磨墨、力士脱靴不过是一种传说奇谈或醉后的装疯卖傻。从"龙驹雕镫白玉鞍，象床绮食黄金盘。当时笑我微贱者，却来请谒为交欢"可以看出他丝毫不会掩饰的率性，但也可看到他不会考虑别人的感受，一朝富贵，洋洋得意得如同一个抢到了糖果向同伴炫耀的孩子。三年后李白无法得到重用，毫无建树而被"放归"，离开长安。安史之乱爆发后他躲进了庐山，却在有野心的永王的邀请下加入了他的幕僚。李白为永王写下一组军歌："二帝巡游俱未回，五陵松柏使人哀。诸侯不救河南地，更喜贤王远道来"，终于给自己招来了灭顶之灾。由此更是可以看出他政治上的单纯。最后李白侥幸逃脱一死，晚年四处流落，临终前作歌："大鹏飞兮振八裔，中天摧兮力不济"，执拗地坚持着不甘心、不服输、不后悔的性子。

性格稳重的苏辙极不喜欢李白,说他"好事喜名,不知义理之所在"。说得不错,可恶在斯,可爱也在斯。实际上李白是一个极其以自我为中心,高度张扬,责任心不强但功名欲极重的人。还原其人格本来面目,才能让所有的材料都活起来。

我们的人物专题,还有杜甫、陶渊明、白居易、苏轼、胡适、鲁迅……到高二下学期,我还要求每个学生写一个人物专题。

专题也可以是某一个问题。上舒婷的《双桅船》,就来一个朦胧诗专题。从中国古代的"花非花,雾非雾""锦瑟无端五十弦"说起,一直讲到"文革"结束后令人震撼的《一代人》《中国,我的钥匙丢了》。人们对朦胧诗的态度的变化,对朦胧诗有过的批评,反过来告诉我们朦胧诗究竟是什么。经过这样的背景回顾以后,再来看《双桅船》,我们就看到《双桅船》是追求一种人格的独立,是挑战新生活。岸和船之间的关系,航程和视线的关系,表达了很多情感,表达了诗人对独立的人格、爱情、理想的追求。这样的理解,比只在一首诗里面打转深刻多了。

除此之外,我们还有历史事件专题等,总之是根据教学进度和学生的实际来制定。

八、引入外部资源

外请讲座是"大语文"教学的一个重要的组成部分。调动外部社会力量的支持,可以把教学放在一个更大的"生态系统"里,形成更大的"打通"。配合前述的专题而举办的相关讲座,也能让专题更加丰富、宏大。

从 20 世纪 80 年代末开始,我们就邀请沪上名人定期作讲座,总的名称叫作"追寻真善美"。如果累积起来,已经有几百场。

学习徐志摩的诗,我们曾经请陆小曼的学生来讲。学《世说新语》,我们请来专门研究魏晋的骆玉明来讲。涉及西方哲学的，请复旦大学很受欢迎的"哲学王子"王德峰来讲。

每个时期都有一个时期的热点，热点是同学们所关心的问题，往往能激发他们强烈的求知欲，这时，若能开展有关讲座，同学们反应必然强烈，效果也一定较好。比如，当学校在议论"心理魔方"这个话题时，我们请来了沙叶新老师；当中学生热衷于讲风度时，我们请来了戴厚英老师讲"什么叫派"；当社会上谈论下海时，我们请了复旦大学经济系季路德老师谈"现代人的金融意识"。在韩寒现象成为争议话题时，请韩寒本人来和我的学生作交流。由这些热点辐射出去，同学们的视野及关心问题的范围扩大了很多。学生对这些热点问题的思索也就不会停留在表面上了。

20多年，几百场讲座，组织工作、联系工作是大量的，其中的甘苦也是"如人饮水，冷暖自知"。

要请的人，大都是学者、教授、专家，他们工作繁忙，这就需要向他们讲清我们办这个讲座的目的、意义，以得到他们的支持。一般来讲，一些高级知识分子，对中学教学都是支持的，但他们一是有顾虑，怕讲不好，学生听不懂，二是抽不出时间。对于第一点，要协助他们设计讲演的内容和方法。对于第二点，则需要耐心等待，既要依着他们的方便，又要适合学生的时间，这就要做很多协调工作。

另外，为了尊重他们，不仅是电话联系，有时还需登门拜访，"三顾茅庐""程门立雪"是经常的事。

请到了主讲人，还要注意与之主动沟通要讲的内容，要注意有明确的目的性和针对性，使得他们有发挥的余地，比如同样谈读书，谈做学问，如果都是笼统地讲，那么章培恒讲的和陈思和讲的不会有什么大的区别，但如果各人结合自己的研究课题讲，就不会雷同。

九、不轻易测验

在很多人的印象里，特色班就等同于"竞赛班"，例如数学特色班、理科特色班，都是要培养参加奥数、奥物之类的选手的。于是有人好奇，是不是我们文科特色班也是如此，专攻文科，预备参加比赛。其实并非如此，文科班只是"加强"了文科，理科要求没有降低。恰恰倒是语文测试和练习，反而要比平行班减少了：除了统一参加学校的期中、期末考试之外，我们几乎不做卷子，不解习题。

这是我的"减负"理念：减负不是没有要求，而是减去不必要的、无效的劳动。那些反复分析文章，然后做习题、对答案的所谓学习，不但没有提升学生的思维品质，反而是在降低、钝化思维品质。这不仅是浪费时间，而且是有害的。因为以答出老师或者出题人所要的答案为目的的"学习"，实际上是一个"求同"的过程，而所要揣摩猜中的，根本不是知识，只不过是某些人未必高明的意见观点而已。

这样的"练习"加上"检查"，占去了大量的时间，也损害了读书本身应该有的愉悦的体验。实际上，中国古代对于考试，是有分寸的。《学记》中说，"未卜谛，不视学，游其志也"。考试时一件很慎重的事情，就是不能随便检查，因为检查会造成紧张的气氛，不利于"游其志"。也就是说，如果经常考试，容易导致大家都被牵着鼻子走，为功利学习，从而没有喘息的时间，没有办法静下心来体会学习的乐趣，建立志向和兴趣。

不做习题，可以让学生在很宽松的条件下，不用整天忙着应付，而是慢慢地积累，自然而然地深入学习。问题，应该是学生自己找出来的，不应该是老师硬塞给他的。通过自发地提出问题、解决问题，学生的能力得到了提高。最终的结果是，不做习题的班级，考试成绩反而要比别的班级好。老子说的"夫唯不争，故天下莫能与之争"，就是这个道理。

检查、考试的目的一定要明确，绝不是为了难为学生，控制学生。如果我们只能用考试做"紧箍咒"来强求学生学习,那必然走上被动的、没有创造的、一切为了分数的学习。

一方面是要松绑,另一方面是要"铺路",给学生提供自由探索的平台,放手让他们自己学。读书本来就是很私人化的事,常常有人要我开书目,其实开书目是很难的。每个人的兴趣、水平都有差异,教师根本不可能也没有必要一一限定,如果硬要控制、统一,反而是扼杀他们的活力。不如少管一点,给他们联系好图书馆,要求他们读几本书,写一点文章,但读什么写什么,只可提一点建议,一律不做限制。不管好不好,关键是要把自主权还给学生。就像柳宗元说的:"顺木之天"。当他们真的读进去以后,自己会寻寻觅觅,找到自己要读的书,向纵深发展的。

有人反对这种做法,大多是认为远水救不了近火,或者说没时间,因为高考就在眼前,你能视而不见?做习题完成作业还来不及,哪有时间搞这么多别的?

这里要认清一个事实:这样做,恰恰不是远水,而是近水,这是在"培根"。事实是,我们往往从小学开始就在"救火",扬汤止沸式的救火,怎比得上釜底抽薪?只有抓住根本,才是真正的捷径,这才符合人的成长的最终目标。

十、教师之爱和师道尊严

首先,今天是否还应该坚持师道尊严?

今天我们处处强调以学生为本,而不敢提教师的引领主导,不敢强调师道尊严,这是一个误区。距离感和敬畏,是实现教育的必要条件。孔子说过:"君子不重则不威;学则不固。"一个人不懂得起码的敬畏,很难有扎实的学问,这是因为态度会造成"气场"的缘故。这里说的敬畏,并不是说在人格上比教师低一等,也并不仅仅指某个教师本人,而是对"老师"这个职位应有必要的尊敬。

美国历史上第一个黑人将军本杰明·戴维斯在做少校时,曾和一名白人士兵在路上相遇。士兵见对方是黑人,就没有敬礼。当他与黑人军官擦身而过时,背后传来一个低沉而坚定的声音:"请等一下。"这位黑人军官冷静坚定地说:"士兵,你刚才拒绝向我敬礼,我并不介意。但你必须明白,我是美国总统任命的陆军少校,这顶军帽上的国徽代表美国的光荣和伟大。你可以看低我,但必须尊敬它。现在,我把帽子摘下来,请你向国徽敬礼。"士兵只得向军官行了军礼。

同样的道理,教师象征着"道"的尊严,也许并不是每个教师都有高尚的人格和深厚的学养,甚至有人并配不上老师这个称呼。但是,一旦社会上轻慢、不尊敬教师形成习惯,这种无知者无畏,失去敬畏感的风气,比几个不称职的教师造成的破坏要可怕得多。《学记》有云:"亲其师,信其道"。教师所代表的"师道",就和军帽上的国徽一样,必须受到尊敬。师生之间,应当有必要的距离感。身为教师,虽然要亲切,但也不能太过随便。一些必要的形式还是要的。例如上课前的起立,互相问好,这些传统都有必要性。

当然,最需要敬畏师道的,应该是教师本身。如何能对得起自己承载的"师道"?复旦大学创始人马相伯先生在95岁时写了一幅尺页,可为教师行止之范:"身要严重,意要安定,色要温雅,气要和平,语要简切,心要慈祥,志要果毅,机要缜密"。希望青年教师能有所启发。

举一个具体的问题。比如,时下很敏感的"送礼"问题。说到"送礼",舆论往往深恶痛绝,穷追猛打,一些学校也下了严厉规定,禁止收受学生任何物品,哪怕是教师节也不例外。其实,这个问题应当分具体情况讨论。教师毕竟不同于官员。在节日时,学生送一点礼物表示对老师的尊敬和感激,本是很正常的。出于情感的礼尚往来,本身就是师道尊严的一种体现,和受贿应该有区别。"尊敬"的"尊"字,本来就是一只手("寸")托起一只酒杯("酋"),把酒杯高高托起,以表示尊敬。孔子说的"有事,弟子服其劳;有酒食,先生馔",就是这个意思。"一刀切"的禁止,并不人性化。当然,教师收到了礼物,也可以回礼。有学生在教师节会送我茶叶、巧克力，端午节时，我便回赠自家包的粽子给他们，这都是正常融洽的师生之情。此外，几乎每个学生都到我家里吃过饭。

师生交往，只要有一片真心，恰到好处，自有一种温暖。孔子去世时，所有弟子都服了三年之丧，这是儿子对父亲才有的礼。其中身为巨商首富的端木赐，更是在墓上结庐，服满了六年才离开。师生关系，可以情同父子。

教师就要让自己成为"语文"的化身。不只是在课堂上，而且在平时的一举手、一投足间，就让学生看得到"语文"的魅力。

我爱语文，更爱学生。作为教师，我正是通过对学生的爱，才实现让学生产生对语文的爱。我可以自豪地说，我就是教材，我就是生活，我就是语文。其实任何一个有心的教师，都可以这么说。而所有一切离开了对教育的爱，对学生的爱，都会落空。

教师除了"术"还要有"德"，没有专业知识能力不行，没有对教育的热忱同样不行。

本人从教48年，今年69岁，仍坚持在教学第一线，上课、改作业、课后辅导、个别谈话这些"常规项目"一个不少。作讲座、带学生出去"文化学旅"也仍然在坚持。

之前种种，都是说我怎样尽可能地给学生自由，近似于"散养"。但自由绝不代表我对学生不管不问。

人毕竟是有惰性的，而且一个班里学生的自觉性、自律性也是参差不齐的。因此要建立起一套制度来维系。比如每天的早读课，我们有详细的计划，每天读哪些内容，背哪些内容，都有明确的规定。一周两天，早上25分钟，长年累月坚持下来，学生已经养成了习惯，读熟、背诵了几十篇名家名作，这就是质量。有时出于大家一起讨论的需要，我开出的共同书目，学生必须限时限量地完成。而我自然要比他们读得更多，学得更勤。

总而言之，我认为，师道尊严和教师之爱，是一体两面，成功的教育必须维系于此。

* * *

以上，我总结了对教育的一点想法和自己的做法，那都是在一线岗位上几十年的践行中产生的。最初，只是因为自己天性好闯，不甘心人云亦云，凭着对于中国古代和西方经典的教育思想的理解，也凭着一股劲不断摸索。本来，只是想到多少，就尽量地做多少。到了这几年，这些内容却似乎都渐渐地自然整合起来，似乎也可以一言以贯之了。我把它总结为一个"人"字，要教学生活得像个人，也可以总结为一个"大"字，要多方面拓展，形成"大语文"，还可以总结为一个"真"字，追求真正的有效的语文教学，摒弃"伪语文""非语文"乃至"反语文"。这既是我的方法、经验，也是我的理想乃至信仰。冀后之来者，亦将有感于斯文。

刘可钦

北京市海淀区中关村第三小学校长，特级教师，享受国务院政府特殊津贴。曾荣获"全国教育系统劳动模范""全国十杰中小学中青年教师"，首届"全国教育改革创新杰出校长奖"等称号。国家义务教育教学课程标准研制组核心成员，新世纪小学数学教材编写组常务编委，教育部小学校长培训中心兼职教授，北京师范大学特聘硕士研究生导师，中国教育学会小学教育专业委员会副理事长，全国小学教育联盟学校理事长。专著《刘可钦与主体教育》入选教育部组织编写的20位教育家成长丛书。

追寻常态教学的精彩

我一直期望看到这样的课堂景象：学生与教师共同围绕一个问题，自由地表达自己的想法，同学之间表现出彼此的尊重与友善，有时他们会为自己奇特的想法情不自禁地欢呼。

我认为，好的课堂不会因为学生的幼稚而被笑话，也不会因为错误而受批评——课堂是一个可以出错的地方。课堂真正的价值在于由不知到知、由错误到正确、由粗糙到精细、由幼稚到成熟的过程。

只有真正鼓励学生积极发表自己的想法，才能够发展他们的创造才能。要建立一种对话、包容和共享的课堂氛围，让学生充分掌握学习的自主权，是我们追求的一种境界。

我们知道，今天学生的学习已经不能局限于课堂，生活就是学习。孩子们在学校的生活已经不再是课下和课上的两极生活，因为随处都是学习。

所以，我会努力创造这样的学习情境，把每堂课都看成是献给孩子们的礼物，把每项活动当成又一批学生体验成长的机会，把学校变成师生共同生活、共同创造的充满智慧和溢满爱意的家园。

一、是学习，更是生活

营造一种开放的、活泼的、激情与理性共存的课堂生活，是我一贯的教学主张和追求。

以往的课堂教学以知识的传授为主要目的，强调系统和严密。联结师生的纽带是一个一个知识点。教师想的是"我怎样讲书上的知识"，很少去考虑"学生怎样想"。这就需要我们改变多年来习以为常的教学方式——例题、示范、讲解、结论，改变学生习惯的学习方式——听讲、记忆、模仿、练习，成为学习活动的问题引导者，而不是答案的提供者。

课堂不仅是儿童也是教师的主要活动场所，是师生生命历程中重要的组成部分。这样的教学不仅要关心学生知道些什么，而且要关心他们是怎样学到的，怎样从一个错误的理解转变为正确的认识，更要关心学生的情绪和体验，使教学真正符合儿童学习的实际。

我想，只有学生真正具有被鼓励发表他们想法的机会，才能够发挥他们创造的才能。如"广播操比赛，我们班男生22人，女生24人，怎样设计队形"的问题，过去侧重于"算"，往往会忽略不同思路的交流。教师作为问题的引导者，可以启发学生"还可以怎样想""你有哪些方法""在这么多的方案中你认为哪一个更合适？请说明你的理由"等等。学生在教师的启发引导下，体验到每个环节都与自身的生活有关，都那么有趣，那"下面是什么呢？我试着做一下吧"。他们思维活跃，不断闪现出创造的火花，而不是被动地等待教师示范和讲解。

而随着问题讨论的深入，师生之间逐渐建立一种对话的关系、包容的关系和共享的关系，这是我们应该追求的一种境界。"将课堂教学还原成一种课堂生活"，师生享有充分的自主权，教师走下讲台与学生们共同发现，共同研究，共同交流，共同创造，共同体味数学学习的魅力。

"1.25+2.4=？"这样一道题，学生或许能够毫不费力地把答案说出来，但那并不等于已经搞清了其中暗含的数学方法和思想。所以，教师首先要明晰任务，如"一要想清；二要写清；三要说清"，想清和写清只是自己明白了，这还不行，还要说得别人也清楚，这才算是会了。在这里，教师提出了一个更高的要求：不仅要知道结果是多少，还要用别人能够理解的方式表达自己的想法。这个要求包含了回顾反思和数学表达两项任务，因而接下来的学习过程变得具体可见。我先组织学生交流如何利用生活经验来解决这个问题。如 A：元加元，角加角，分加分，即 1 元 +2 元 =3 元，2 角 +4 角 =6 角，5 分 +0 分 =5 分，3 元 +6 角 +5 分 =3.65 元。B：我也是这样想的，只是更简洁，1+2=3 元，0.2+0.4=0.6 元，3+0.6+0.05=3.65 元。此外，还可以借助图形（利用方块图或计数器实现数形结合）或运用整数加减法推理来解决问题。而后通过比较与提升，使学生形成自己的知识。学生多样表达的过程，可以让知识掌握得更牢固。

对学生不同看法的关注和尊重，就是尊重学生的创造。教师尊重学生的原始想法，都是十分可贵的专业行为。长期的熏陶可以让学生慢慢变得有自己的想法，会独立思考。这是会学习的关键。例如：

课例："估计谁能赢？"

	第一次	第二次	第三次
淘 气	24	29	44
笑 笑	23	30	41

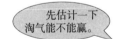

先估计一下淘气能不能赢。

（1）三次比赛结束时，淘气共得多少分？

生：淘气赢。因为淘气有两次比笑笑多（用手指第一次和第三次），而笑笑只有一次比淘气多。

（有的同学眼睛一亮，若有所思。）

师：同意吗？

生：不对。虽然淘气有两次多些，可一共起来(加起来的和)并不一定就多。

生：就是淘气赢，因为第一次……（用手指，可又觉得不合适，干脆跑到台前）第一次淘气比笑笑多一分，第二次笑笑比淘气多一分，那么，他们就一般多了。第三次淘气比笑笑多，所以淘气会赢。

（说完与老师目光对视，老师用眼神给予肯定。）

师：谁听明白了？

（有接近一半的孩子摇头。一生高举小手，边喊"我，我"，得到允许后跑上台。）

生：刚才他说的是这样的，第一次、第二次淘气和笑笑的总分一样多，前两次就平了。关键看第三次，第三次淘气多。我也觉得淘气会赢。

师："关键"这个词用得特别好，分析得也不错。

师：淘气真的一定会赢吗？还有部分同学，也包括我，都认为不一定，怎么办？

生：我们可以加起来比一比，看到底谁多。

通过这样的讨论，接下来的计算学习因为必要而更加主动，学习也会因学生不断生长的自信而变得有趣。

二、思维的开放，更是情感的开放

开放的课堂是让学生的思维开放，却很少谈及情感的开放。比如：教师站在讲台前，不断指挥着学生干一件件事，先做完的同学等着那些没有做完的，天性动作慢的学生在教师的不断催促下，才能勉强赶上大家。在这样的课堂上，同一时刻做同一件事情，寻找一个正确的答案成为学习的终极目标。孩子们不需要形成和提出自己的"问题"；不需要就某个问题向教师或同学质疑。学生感受到的是一种机械僵化的课堂生活，唯一敢于反抗的形式恐怕也就是"扰乱课堂秩序"，借此打发自己无聊的时间了。

开放的课堂生活是什么样的呢？一年级上《认识图形》一课时，孩子们根据书中的要求，自己想办法将各种图形通过折一折、剪一剪，变成需要的图形，如将一个长方形变成一个正方形和一个长方形，将一个正方形折一下变成一个三角形和一个多边形，在一个长方形里面画一条直线变成两个相等的四边形……孩子们各自按照自己的方式、速度去理解数学知识，遇到困难时，可以向老师寻求帮助，与学生交流想法，再试着做。此刻，教师是学生学习的伙伴，与学生融为一体，和学生一起做题目。在这样的课堂上，学生快乐又紧张地做完一项又一项任务，每当遇到困难而解决后，他们会情不自禁地发出内心的欢呼。这就是儿童的学习生活！

有哪位儿童会逃避或反抗这种快乐的生活呢？

数学是什么？数学就是找规律、找关系、找模式，形成表达式，并加以证明，这一过程充满着探索与创造。观察、实验、模拟、猜测、矫正和调控，这些正是数学的魅力所在。我们的教学应该让学生获得积极的学习体验和正确的数学认识。

比如，讨论四则计算，我们可以通过讲故事将学生带入一个熟悉的套圈游戏之中：

套中小狗29分，小兔子26分，小鸭子37分，小猪24分，小猴子28分，小鹿39分。

小红说：我两次一共套了63分。猜猜她套中的可能是哪两只动物？

小刚说：我两次套中的比63分多，可能是哪两只动物？哪一只根本不可能套上？

这样开放性的问题，学生很乐意思考，自觉地调动已有的知识储备，在众多的数据中作出选择和判断。他们通过大概、也许、可能这类的词汇来描述对事物的看法。

值得指出的是，过去的数学强调的是逻辑和精确，课堂上很少有估计、有猜测，其实人们在现实生活中经常用到的恰恰是先估计，再作出判断，所以作为公民教育的数学应该使学生不断受到"估算"这方面的熏陶。

因此，我在教学中，更注意传递给学生一种对待知识的态度，让学生时刻能感受到："这是怎么回事，真奇妙""我要试一试""我猜测应该这样……"学生常常在这种意念的熏陶下，获得的学习数学的经验将会逐步转化为一种积极的数学信念。

三、是教师，更是导师

教学是需要在师生双方共同配合下才能完成的，即所谓的教学相长。而在教与学的过程中，教师采取什么样的语言是能否创设最优情境的关键。我们都曾看到过这样的情景：上课伊始，教师因某个学生没完成作业或字写得潦草或总是不带作业本，而对其大加批评。那种责备生气的言辞、语调，顿时弥漫课堂，对在座的每一位学生都会产生消极的影响，以至于影响学生和教师本人一天的情绪。

我们还曾看到：课堂上某个学生没答对问题，或上课走神儿、说话，乃至影响了课的正常进行时，有的教师会用高声的呵斥、蛮横的态度来阻止，以期能够按照自己的意图行事，其结果不外乎情绪的反弹——课堂气氛更糟糕，或集体情绪消沉——学生丧失了学习的兴趣和积极性。

遗憾的是，这些现象都不是偶然的。

有经验和注重人文关怀的老师，在这样的情境中会这样处理：耐心地等待学生准备好作业本和书，如果仅有两个人没完成作业，就与这两个学生个别谈话，而不训诫全班，努力用有趣的作业吸引孩子们，用平静、不偏颇、尊重的语言提示学生。在这种宽容、宽松的气氛中引导学生自己调整自己的行为，使课堂教学平稳顺利地进行。

应该说，学生的习得、学习成绩和教育效果在很大程度上取决于教师怎样与学生说话，怎样理解他们，怎样引导和评价思维活动。同班级的学生在不同教师的课上的表现会很不一样，这样的情况屡见不鲜，其中一个重要的因素也是由教师授课的言语表达质量造成的。教师情深意长、善解人意的话，对于教育那些"难教"的儿童起着很大作用。既然如此，教师鼓励学生的言语智慧应该成为一项重要的教学基本功。

有的教师在课堂上"为什么"的发问不断，学生被问得一头雾水，教学效果可想而知。如果变换一种方式，把"为什么"改为"你是怎么想的""能把你的想法说给大家听吗"，同样是发问，所起的作用会大不相同。因为前者使学生处于教师的对立面，以回答是否正确为主要依据，学生因怕回答有错，从而遮掩一些真实的东西。后者将教师放在了学生的倾听者位置上，更关注学生实际的想法。

如果教师试图让所有学生承担学习的责任，可鼓励说"谁愿意讲给大家听"，而不是"谁能讲给老师听"。当遇到较难的问题，学生百思不得其解时，教师可以以商量的口吻说"老师这儿有一种解法，你们看行不行"，而不是简单生硬地说"看黑板听老师讲"。

作业批改，更强调教师语言的艺术，而不能以简单的"√"与"×"来代替。我常结合不同学生的不同作业情况，给予各不相同的评价："好极了！""真棒！""没想到你又为大家带来一份惊喜。""我知道这些题你一定能做出来。""你能讲讲自己是怎么想的吗？"……这样夸奖和鼓励的话语，产生的效果绝对比冰冷的"√"与"×"好很多。

教师的言语——教育教学交往的主要手段，应引起我们充分的重视。在言之有物、充满感情的言语帮助下，教师不仅能激发学生的思想和情感，保持学生对所学科目的浓厚兴趣，而且还能帮助学生形成自身各种不同的经验。所以，每一个教师都要刻意塑造个人的语言魅力，少问"为什么"，少说"看黑板听老师讲"，最好经常用鼓动性的和有情感色彩的话语，创造令人愉快的班级教学环境，吸引学生接近自己，因为只有亲其师，才能信其道。

我认为，教育不仅仅是一个词，而是像爱和友谊一样，存在于这种情感的亲身体验中——在极其具体的真实的生活情境当中，存在于我们每天与孩子对话的情境中，与孩子在一起的方式之中。每一个言语和动作可能都是出于教育学的意义而做出的。

什么是教育？就是一个成人做了有利于孩子发展的正确的事情。

四、跑得快，更要跑得远

这是两种不同的教育教学观，有时二者是相辅相成、协同发展的，但有时二者却又不可能双赢。

事物总是平衡的，过于注重现在的"快"，会不可避免地有损于将来的"远"。

在同一天，我观摩了两节不同的《圆的周长》，两位老师都是学科带头人，上课非常有经验，课后留给学生的印象截然不同。

甲老师的课堂一上来先提了一个问题：怎么求圆的周长呢？接着组织学生展开活动，每一个小组有4个大小不同的圆片。小组合作实验，边做边记录：圆的周长，圆的直径，周长与直径的比值。最后，教师简要总结，指出圆的周长与直径的比值是个固定的值，为了计算方便一般只取它的近似值3.14，老师设计了很多的问题，让学生根据公式去尝试应用。

乙老师的课上是另一番景象，老师先让学生想一想，圆的周长与什么有关？有学生猜一定与它的半径和直径相关，半径大，圆就大，周长就大。怎么样推测出圆的周长呢？学生又议论纷纷，大胆猜测：正方形的周长＝边长×4，圆的周长＝直径×（　）呢？

带着这样的猜测，学生小组合作展开探究，同样也记录下了圆的周长、圆的直径等相关数据，等得出圆的周长计算公式时，已经下了课，学生没有练习时间。

课后，访问学生，两个班的学生都表示挺好，可以动手操作，还能进行小组合作，这样的学习不单调。乙班的学生感觉难度有点大，有时半天都想不出什么来，不过这样学习很过瘾，没想到自己表现那么棒！

又问：如果遇到一个新图形，你怎么得到它的周长呢？

甲班上的学生轻松地说，找到它的公式计算就行了。

乙班的学生想了想才说，那要看是什么图形，如果边儿是直的，量一量，然后看有什么规律，再计算；如果边是弯曲的，恐怕难度就很大，得好好进行一番研究，看能不能找出点规律来。

你看，什么叫思考？

在甲老师的引导下，学生验证周长与直径的关系，培养的是测量和计算能力；学生的学习行为始终在老师设置的"程序"里运行，老师给学生提供了解决问题的思路，也给学生提供了解决问题的套路。

乙老师给学生提供了自主发现、探究的情境和机会，培养的是发现问题和解决问题的能力，教师只提供一个框架，许多关键的环节都需要学生自己思索探寻出来，学生的学习行为有相当的自主成分。

听课的老师认为，甲老师的课堂效率高、学生的双基掌握得较扎实。在日常教学实践中更倾向于选择这个方法，见效快。

乙老师教的学生会更灵活一些，从长远来看对学生会有益处，但由于日常教学时间比较紧张，备课难度太大，同时担心，这样教出来的学生学业成绩在卷面上可能不一定理想。

在一次与新加坡的数学教育研讨会上，他们在听完中方提供的几节课后，用探讨的语气说：中国的课堂内容密度很大，教师很会教，中国的学生学习的知识是1厘米宽，1公里深，新加坡的正好相反。

其实，我们也一直主张要让学生学的面宽一些，体验性的学习过程多一些，只是，在现实中，我们又渴望学生学得快一些、多一些，所以，"看谁做得又对又快"成为激励学生的高频词。

风物长宜放眼量，要抛弃急功近利的思想和行为，为学生的终身发展而教学。所以"又对又快"不如"又对又好"，毕竟适合学生的方法，需要建立在学生独立思考调整的基础上,要给学生一些空间。

我们的教学应当融入更多的创造性元素,使学生积极地去探索、去思考、去寻求答案,能充分经历自主探究的过程,这样的学习过程才会给学生带来积极深刻的体验,那种智力上的挑战、内心的震撼、无言的感动和精神的愉悦是教师无法替代的,是学生在过程中品味享受的,学习将会因此变得有滋有味,有声有色,个性张扬,激情绽放。

如果必须在"跑得快与走得远"中选择一个的话,我会选择"走得远",因为学生成长的某些阶段是不能逾越的。

五、要多样性,更要欣赏独特性

曾经的一节计算课,平平常常,普普通通,完全是那种居家过日子式的。几个听课的年轻老师帮我记录了课堂上的一个小场景,从而使这节课显得不那么普通和寻常了。

面对这些年轻老师们的感叹,我重新反思了在课堂上的这段不经意的对话:

生:(悄悄地走到老师身边)老师,我跟你说(老师很惊讶,但用期待的眼神鼓励他说下去),我算出淘气得了97分,我不用笔算笑笑的就知道他得了97-3=94分。

师:好聪明的孩子,你能整理一下思路,待会儿说给大家听听好吗?

生:好。(生激动又信心十足)

(陆续有学生将算式写在黑板上,课堂一时很活跃。然后全班开始交流。)

生1:我是这样算的:20+20=40,40+40=80;4+9+4=17,80+17=97。

师:能听懂吗?(征询的眼光,让学生的注意力一下集中在听同学讲上。)

生2:我是用竖式计算的,先算24+29=53,再算53+44=97。

生3:这种竖式不简便,用了两个竖式,我只用了一个,看(算法是用一个竖式连加）。

生 2：你偷懒。

师：这里可以偷懒吗？

（学生间的交流与质疑显得如此自然，"偷懒"是学生的一种生活语言，用到这里如此贴切，老师只是顺着追问"这里可以偷懒吗"以引起学生的再次思考。）

生：（犹豫片刻后，齐）可以。

生 4：20+20+40=80，4+9+4=17，80+17=97。

师：你这是……

生 4：我是将所有的十位上的数相加，再……

生 1：这和我的差不多。

生 5：我只用口算：24+44=68，68+30=98，98-1=97。

师：哦，你先把 29 看成了 30……这样做就比较简便，可以口算了是吗？

……

（学生一共汇报了 8 种不同的计算方法）

这里，我并没有当场对学生表达中不完整或不准确的成分加以限制，也没有刻意引导学生归纳出几条标准规则让学生记住。

每个学生的学习方式、思维方式都有其独特性。老师尊重学生自己的选择，在学生介绍和选择自己认为最好的方法后，老师不急于评价，而是以平等的一员的身份参与讨论，让学生发表自己的见解，或肯定，或补充，或以"听懂了吗"等问题让学生表达自己的理解。在师生、生生合作交流的过程中，让学生主动选择算法；在对各种方法比较、争论的过程中，促进学生对自己选择的方法作出积极的反思与必要的改进。

让学生用自己的方式去理解数学，学生对数学现象的理解表现出稚嫩、不成熟是非常自然的，但是这种水平的理解又是最具有个性的，是学生对自己心目中数学的真实表达。关键是这样的学习方式可以帮助儿童建立起属于自己的知识体系，包括如何学习的体系。加上课堂上宽松民主的气氛，让学生自由思考、交流，从而带来了意想不到的教学效果。

看似不经意，其实是一个教师教学价值取向的直接反映，是一个教师在复杂而又生动的教学现场中表现出的临场智慧。

六、有学科基本功，更要有人文情怀

曾经有人问我，作为特级教师的校长，听课时更看重什么？这的确是一个很难回答的问题，因为影响一节课的因素太多了。

我听过这样一节科学课——《螺丝钉和螺丝刀》。科学老师让学生用手中的材料设计一个基本模型，事情并不复杂，但是却用了较长时间：

一个男生拿起纸要发给小组内每一个人，一女生着急说道："为什么总是你拿，人家没长手啊？"

小男生一时愣住了，不知如何是好。犹豫间，女生一把把纸抢过来："我们自己不会拿吗？"这位小男生一脸无奈。

虽然，学生的这种表现与教学内容并没有直接关系，但它会影响教学的正常进行。

我还听过一节非常普通的常态课，教师没有任何特别准备，如果用公开课的标准来衡量这节课的话，是无论如何都难以被选拔出来的。

但是，我发现，这位老师在课堂上非常注意对学生的学习状况进行即时评价，能够清晰地将每一个环节的要求告知学生。尽管是很普通的一节课，班里的学生却几乎没有走神儿的；尽管这节课的内容也没什么挑战性，可是，学生的学习积极性却很高。

原来，这个老师把课堂上的每一分钟都"盯"得很紧，每一个关键知识点的学习都有配套的练习，不是走过场。课堂上，能够把每一个学生都纳入自己的视野，结合教学内容的进行，时刻提醒那些走神儿的孩子，这不就是当今课堂中最需要的吗？

上好一节公开课很难，上好每节常态课更难。因为公开课是师生双方高度投入的 40 分钟，包括现场听课的老师们，汇成了一个"气场"，加上之前集众人智慧设计的教案，所有的人都调到了兴奋点，一上课就进入了最佳状态。

可是在居家过日子的课堂中，学生可能会因为没有新鲜感而丧失学习兴趣；可能还沉浸在课下的事中，而不能进入学习状态；也可能因为没有约束，挑战基本的课堂秩序。这对老师的考验更大。

但是，平常日子里的课，是上好公开课的基本色，这个基本色调好了，才能保证公开课的色彩饱满透亮。

那么，构成居家过日子的课堂，到底有哪些基本色调呢？

一是对学习气氛的调节。不论上什么课，好的老师，都会首先与学生有个交流，用一些激励性的语言或一些富含思考性的话题等，帮助学生把学习情绪调到最佳状态。

二是自然不做作的教态。老师的教态不做作，对待学生就像课下一样亲切自然，没有戏剧腔调。老师不是知识的拥有者，也不是学生学习的评判者，而是就在学生中间，与学生一同学习的人。

三是语言富有启发性和激励性。其实，教学的大体环节并没有什么突出的变化，只是一些老师在细节上做了一些语言"装饰"，让学生产生了"试一试"的愿望，在老师恰到好处的点拨和激励下，学生获得了成功的体验，课堂充满了灵动之美。

四是扎实的学科基本功。无论如何，教师的学科素养是每节课最重要的，影响着每节课的质量。一手规范整洁的粉笔字，声情并茂的诵读……可以帮助学生快速进入思考状态。

教师自然而然的教态，在具体场景中不断调节学习的气氛，扎实的学科基本功配上极富启发性和激励性的语言，就构成了一节课的基本色调，有了这些，足矣！

马俊华

陕西省特级教师,现任西安市教育科学研究所小学教研部主任,陕西省政协第九届委员会委员,兼任陕西省教育学会小学数学教学专业委员会副理事长。系全国希望工程讲师团特聘讲师,陕西省中小学教师校本研修指导专家,陕西师范大学教师干部教育学院"国培项目"特聘专家,陕西师范大学教师专业能力发展中心特聘专家。被评为"中国教育学会小学数学教学专业委员会先进工作者""陕西省优秀教师""陕西省基础教育科研工作先进个人""陕西省教学能手""西安市跨世纪学术技术带头人"。

关注学生经验以促进学生发展

党的十八届三中全会通过的《中共中央关于全面深化改革若干重大问题的决定》，把"立德树人"作为教育的根本任务。实现这一根本任务要求教师必须促进学生的全面发展。作为促进学生全面发展教育的重要组成部分，数学教育应关注学生智力与人格的全面协调发展。一名好的数学教师应该关注学生的已有经验，用数学激发学生对生活的热爱，用数学塑造学生的心灵，用数学培养学生对美的追求，促进学生全面发展。

一、少年不识愁滋味，爱上层楼

数学是什么？怎样的数学课是好课？在刚踏上三尺讲台时，我没有认为这两个问题有什么难解之处——似乎答案是那么的明确，而且距离自己很近很近，稍加努力便可水落石出。

1988年7月从陕西省西安师范学校毕业后，我被分配到了西安师范附属小学任教。这所建于1908年的小学历史悠久，底蕴丰厚。1980年西安市首批被评为"陕西省特级教师"的四名小学教师中，有一位是该校的在职教师，有两位小学期间就读于该校，其办学实力和影响力可见一斑。

　　能被分到这样一所小学，我感到很光荣，但压力更大。所以，到小学报到后我就一头扎到市区内最大的新华书店，精心挑选参考书籍，为登上三尺讲台作准备。直到现在，我还清晰地记得那天自己买下了成为教师后的第一本数学教学论著——英国数学教育家利贝克写的《儿童怎样学习数学——父母和教师指南》（人民教育出版社1986年版）。我如获至宝，不求甚解地一口气读完了这本书。读完后，我发现自己在师范学校学习的《小学数学基础理论和教法》是站在教师如何教的角度编写的，而这本书是站在儿童如何学的角度叙述的。尤其是书中提到的儿童数学学习的基本认知序列"经验—语言—图像—符号"更是深深地扎根在自己的脑海里。

　　在校领导的关心支持与数学教研组几位老教师的帮助下，我很快就融入到了这所具有优良传统而又充满改革生机的学校之中。踏上讲台的第二学期，我就被学校推荐参加片区赛教，获得了片区小学数学第一名的成绩。从此，我就不由自主地踏上了赛教的轨道。

　　凭着"初生牛犊不怕虎"的闯劲，在校领导和区教研员的大力帮助下，在1990年至1992年的三年间我完成了从区级到省级赛教的"三级跳"，并于1993年以陕西省小学数学赛教第一名的成绩参加了由中国教育学会小学数学教学专业委员会在江西省南昌市举办的"全国首届优化小学数学课堂教学改革观摩课交流会"。作为最年轻的参赛选手，在与来自全国各地小学数学教坛精英的比拼中，终因教学经验不足，在临下课的最后一分钟出现了教学失误，获得了二等奖第一名。就这样，我用五年时间经历了一整轮具有中国特色的赛教。虽然抱憾与一等奖无缘，但现场聆听了第三届中国教育学会小学数学教学专业委员会理事长李润泉先生、副理事长周玉仁教授的报告，领略了各地名师的课堂教学风采，使我明确了数学教学改革的方向。

　　随着西安市教育局、陕西省教育厅的骨干教师体系建设举措的出台，从

1996 年到 1998 年，我又连续三年参加了"西安市教学能手""陕西省教学能手"评选活动，并连续三年获得市、省级"教学能手"称号。并因在此期间的优异表现，于 2000 年被破格推荐参评"陕西省特级教师"，通过市级、省级的赛教、考试、答辩等一系列评审考核，被陕西省人民政府评为"陕西省特级教师"，成为当时陕西省最年轻的特级教师。

由于经历了一系列的赛教，在一节节磨课的历练中，在一次次赛教的煎熬中，在一个个观点的碰撞中，在一回回智慧的分享中，自己的教学风格也逐渐清晰起来。《陕西教育》1999 年第 5 期上刊登了记者秦亚民、张泾南同志的文章，其中这样描述道："一位搞小学数学研究的专家在评价马俊华的教学风格时说：首先，马俊华的教学语言幽默。他的语言非常贴近学生，而且符合学生的心理特点。其次，马俊华教态大方。他讲课时一招一式，一言一行，都使人感到轻松自然，妙趣横生。再次，马俊华的课堂教学过程非常流畅，层次过渡非常自然，环环相扣，水到渠成。他语言的准确性和逻辑性也非常强，体现着数学教学的魅力。所以，凡听过马俊华讲课的人，都有一个共同的感受，那就是他上课朴实自然。教师教得轻松，学生学得愉快。"

二、而今识尽愁滋味，欲说还休

数学是什么？怎样的数学课是好课？在经历了一系列赛教的磨练之后，自己越发感觉到这两个问题的宏大。关于"数学是什么"这个问题，著名数学家柯朗认为："不论对专家来说，还是对普通人来说，唯一能回答'什么是数学'这个问题的，不是哲学而是数学本身中的活生生的经验。"

在学生"活生生的经验中"，数学是什么？它们又是如何影响着学生的数学学习的呢？

（一）"老师，7加2就是等于5呀，我哪儿错了？"

1997年9月，在教了八年中高年级数学之后，我第一次执教一年级的数学。小敏是班上54名学生中唯一没有接受过学前教育的，所以在学习10以内数的认识和加减法时显得有些吃力。

一天，我当堂布置了十道10以内加减法的计算练习。下课批改时，全班只有小敏没有做完，而且做过的七道题中还有两道是错的：7+2=5，4+6=6。对于7+2=5，我分析她是把"＋"看成了"－"，但4+6=6怎么分析也不知道错因。于是，我把她请到办公室，想当面问个究竟。

一开始，小敏有些紧张，一句话也不讲。我耐心地说："小敏，做题的时候要用心一点。你看，7加2怎么能等于5呢？你一定是把加号看成减号了！来，重新算一下，7加2等于几？"小敏想了想，两只手又在身后比画了一下，一脸无辜而又怯怯地说："老师，7加2就是等于5呀，我哪儿错了？"我笑着说："你是用数手指的方法来算的吧？那你给老师当面数数手指。"小敏马上把两只手伸到我眼前："你看你看，这是7，这是2，合起来就是1、2、3、4、5嘛！"

这会儿轮到我吃惊了，错得好可爱呀。按照这样的想法，4+6=6就顺理成章了。小敏的错误使我认识到，原本被人们认为简单得不能再简单的"数手指算得数"，其实也是有讲究的——手指要和数"一一对应"。而用手指表示5以上的数时，手指与所表示的数已不再"一一对应"了。所以，小敏很"无辜"地算错了。

我带着小敏按正确的数法数了一遍。她把错题改正后，高兴地说："谢谢老师，我现在会数了。"好可爱的孩子。"老师应该谢谢你呀，是你让我看到了简单背后的复杂、肤浅背后的深刻！"

从此之后，我会慎重地对待学生出现的错误，少了一些成人思维的"想当然"，多了一些儿童视角的"所以然"。数学教学应当从学生已有的概念、方法、策略开始，在学生充分展示和表达的基础上，教师可以通过提问等方式引导他们进行分析、判断、推理，促使他们获得更有效的方法。

（二）"老师，我没用你讲的方法，我用的是'少三得七'"

在教学 20 以内退位减法时，教材上提供了两种思路。一种是"破十法"，另一种是"做减法想加法"。在教学 12-9 时，我先组织学生摆小棒，顺利地引出了"破十法"。在此基础上，教学"做减法想加法"。一切进展得很顺利。为了巩固这两种思路，我在黑板上出了 15-8 作为练习。题刚出完，小超就迫不及待地举起了小手说："老师，老师，我算完了。"我示意他等等别的同学。

等学生们都做完之后，我请小超讲他的算法。小超说："老师，我没用你讲的方法，我用的是'少三得七'。"面对这"半路杀出的程咬金"，第一次教一年级的我不禁一头雾水，难道还有第三种方法？我顺水推舟，对全班同学说："同学们，谁能听懂小超说的话？"只见学生们小脸上也是写满了困惑。这时，小楠说："老师，小超可能是瞎蒙的。"小超一听，急得脸都红了，说道："你才瞎蒙呢！刚才 12-9 也能这样想，用的是'少三得七'。"小超说完，同学们更糊涂了。但是，我一下反应过来了。小超的方法确实与众不同，他用的是另一种"破十法"。如计算 15-8 时，通常是先 10-8=2，再 2+5=7。而小超是先 8-5=3，再 10-3=7。

看着学生们疑惑的表情，我笑着说："同学们，小超的方法很巧妙。我们应该给这位小'数学家'送上最热烈的掌声！"顿时，全班掌声一片，小超脸上露出灿烂的笑容。小楠不解地问："老师，他说的是什么意思呀？"我顺水推舟，说："那得请小'数学家'给大家讲讲了！"小超这时有些害羞地说："你们看，5要减8，不够减，还差3。怎么办呢？我就从10里拿出3，最后就剩7了！"他说完后，只有几个学生不住地点头，相当多的学生眉头皱得更紧了。

真是"不愤不启，不悱不发"，该老师登场了。我让学生们再一次拿出小棒，摆一摆，想一想，从15根小棒里去掉8根，还可以怎样操作。不一会儿，学生们恍然大悟，不少学生还由衷地向小超伸出了大拇指。

我说："如果你认为小超的方法好，可以把这种方法写在课本上，并写上'小超法'。"从此，学生的数学课本上时不时地会出现"小明法""小丽法"……他们在学习数学知识，形成数学技能的同时，也享受着做一个发现者的乐趣。

数学学习过程，应该是学生充分思考的过程，更是学生"再创造"的过程。在教学过程中，教师应为学生提供直观具体的活动材料，引导学生从自己的已有经验出发，通过观察、分析、比较、实验、猜想、协商等活动，建立数学模型。

前人发现的数学知识是客观的、确定的，但对于学生来说，数学知识是未知的，等待被发现的，需要学生再现类似的创造过程来形成。在教学过程中，教师应为学生的学习提供充分的时间和空间，为他们打开"再创造"的大门，让他们在"再创造"的过程中理解数学知识的本质，不断提高思维能力。

（三）"'三下五去二'，原来是这个意思"

2013年12月4日，联合国教科文组织通过决议，将中国珠算列入"人类非物质文化遗产代表作名录"。这是中国已入选"人类非物质文化遗产代表作名录"的30个项目中，唯一一个以知识体系入选的项目。决议指出："……（珠算）向世界提供了另一种知识体系，将中国的珠算列入代表作名录，有利于提升非物质文化遗产的可见度，促进对人类创造力的尊重……"（转引自http://www.waama.org.cn）

看到这个消息，20多年前我教学生们学珠算的那一幕又浮现在眼前。

我至今清晰地记得，当学生们看到我提着演示用的大算盘走进教室时，一个个笑得直不起腰。这个说"现在都有计算器了，谁还用这玩意呀"，那个说"这个算盘好大呀，可以进博物馆了"……他们的这些表现我在备课时已经料到了，我可是有备而来的。我说："你们可别小看了算盘，用它计算可不比计算器慢。如果不相信，咱们先来比比看。"学生们个个跃跃欲试，我选了一名学生，递给他一个计算器。我把大算盘挂好后，向学生们宣布："计算器、算盘大比拼现在开始。我用算盘，小亮用计算器，计算1+2+3+…+8+9+10。大家当裁判，预备，开始。"话音刚落，我就一边大声读珠算口诀"一上一，二上二，三下五去二……"，一边飞快地拨着珠子，很快就在算盘上得到了计算结果55。这时，手忙脚乱的小亮才按到"+7"。只见全班同学瞪大了眼睛，有的啧啧称奇，有的一脸困惑。他们哪里知道，老师在这里耍了小花招——光那九个"＋"就够按一阵子了，更何况，我已经将这道题在算盘上练了十几遍了。

教学时机已成熟，我故作神秘地对学生们说："想不想知道这里面的奥秘？想不想像老师一样熟练地珠算？"学生们异口同声地喊道："想。""好，今天我们就开始学习珠算。"我和学生们的珠算学习之旅就此展开。

第一节课是认识算盘并且学习"直接加数"的九句口诀，进展得比较顺利。到了第二节课学习"满五不进位"的四句口诀——"一下五去四、二下五去三、三下五去二、四下五去一"时，我演示完拨珠动作之后，好多学生直喊听不懂。这可如何是好？情急之下，我决定先让他们试着拨珠。"现在，请大家想一想，如果要算4加3，该怎么拨珠？"在巡视中我发现大多数学生是先口算出得数7，然后直接在算盘上拨出7。这哪行呀？我说："现在请大家清盘，先在个位上拨上4。好，现在想，要给4加3，该怎么拨珠呀？""三上三。"有一个学生刚喊完又连忙说，"不行不行，下珠不够了。"我启发道："你们已经知道4加3的和是7了。想一想，怎么拨珠，就能把现在的4变成7？"只见，有的学生是先拨下一个上珠，再拨去两个下珠；有的学生是先拨去两个下珠，再拨下一个上珠。见学生都得到了正确得数，我点拨道："大家为什么要拨下一个上珠呢？拨下一个上珠表示加几呢？"此言一出，有些学生已经恍然大悟——要加上3，不能直接拨珠时，可以先加上5，然后减去2。不知哪个学生情不自禁地说了句："'三下五去二'，原来是这个意思。"珠算蕴含的转化思想就这样昭然若揭！

有了这个过程，学生很快就理解了其余三句珠算口诀的含义，并且在后续的"进位加"和"去五进位加"的学习中学得更加积极主动。

算盘虽然简单，但在珠算中却蕴含着精深的数学思想。可以说，每一句珠算口诀都体现着古代中国人的创造，蕴含着古代中国人的智慧。但是，如果把珠算口诀当成静态的知识强加给学生，让他们死记硬背，反复操练，那珠算对学生而言，就是一种外在的牵累，就是一个沉重的负担。珠算如此，其他数学知识的教学也是如此。

荷兰著名数学教育家弗赖登塔尔认为，人们运用数学的方法观察现实世界，分析研究各种具体现象，并加以整理组织，这个过程就是数学化。数学教育应该尊重数学的传统，要按照历史的本来面目，根据数学的发展规律来进行。数学教育没有必要更没有可能机械重复地反映数学的发展过程，只有通过"数学化"的途径来进行数学教育，才能使学生真正获得充满着关系的、富有生命力的数学知识，使他们不仅理解这些知识，而且能够应用。

（四）"我吃肉汤，等于我吃肉加上我喝汤"

一次，我到一所农村小学送教，执教的是《乘法分配律》。按照"情境引入—对比算式—尝试归纳"的过程，学生们发现了等号两边的算式得数是相等的，只是算式的"样子"不一样。这时，我让学生试着用自己的话说说什么是乘法分配律。这个问题提出后，教室里顿时安静下来，学生们一个个低下头，唯恐被老师叫到发言。我猜可能是学生胆小，就说："请同学们不要紧张，相信大家一定能说出来。"没想到，教室里仍然弥漫着紧张的气氛。就这样，大概过了一分钟，依然没有学生举手。是因为学生感知不充分，还是乘法分配律的内容不好叙述，还是……？正当我思索的时候，一个胖胖的男生怯怯地举起了手，我连忙请他回答。只见他腼腆地说："乘法分配律就好比是——我吃肉汤，等于我吃肉加上我喝汤。"此言一出，全场的学生和听课的教师哄堂大笑。

为什么会这样呢？从这名学生的发言中可以看出，他抓住了乘法分配律的"形"，而且将此"形"——因数对加数的分配与彼"形"——"我"对肉汤的"分配"联系起来。但仅仅到这一步是不够的，因为他没有抓住乘法分配律的本质——等号左边的积与等号右边的和相等。那如何使学生从对形式的把握过渡到对本质的理解呢？我调整了教学思路，带领学生再一次观察算式：$(6+4) \times 9 = 6 \times 9 + 4 \times 9$，引导学生说出$(6+4) \times 9$与$6 \times 9 + 4 \times 9$表示的意义。在学生能够完整地说出9个6+4等于9个6加上9个4的基础上，让学生用同样的语言结构叙述自己写出的一组等式。

这时，我在黑板上板书了上节课学的乘法结合律的内容：三个数相乘，先乘前两个数，再乘第三个数，或者先乘后两个数，再与第一个数相乘，积不变。请学生尝试归纳乘法分配律。经过这两个环节的教学，大部分学生顺利地说出了乘法分配律。

"我吃肉汤，等于我吃肉加上我喝汤。"这是学生对乘法分配律的一种个性化表征。表征是用某一种物理或心理的形式，将一种事、物、想法、知识重新表现出来。数学表征是指用某种形式表达数学概念或关系的过程，它反映了学生对数学知识的建构方式和理解程度。在数学学习过程中，学生一般要经历动作性表征、映像性表征和符号性表征三个阶段。动作性表征有助于落实"做数学"的理念，让学生在操作活动中积累感性经验，为内部思维活动积累材料；映像性表征有助于传达直观信息，架起内部思维活动与语言表达之间的桥梁；符号性表征具有抽象、概括的特点，传达的是抽象的信息。

在教学过程中，教师应将数学表征作为重要的教学活动，通过语言直观、图形直观等方式，对同一数学知识进行多元表征，赋予其丰富直观的背景意义，促进学生对数学知识的理解。

（五）"老师，给我一张签名照吧！"

"老师，给我一张签名照吧！"这是我教的第一届毕业生中的小兰刚参加完毕业典礼后给我提的要求。我在满足她的要求的同时，也享受了一番明星的礼遇。

小兰是一名上进心很强的女生，但是特别怵应用题。记得我三年级接手她们班时，她连一、二年级应该掌握的简单应用题都停留在"连猜带蒙"的水平。她一见到应用题就特别紧张，常常因做不出来或做错而哭鼻子。通过谈话了解，我发现她之所以怕应用题，是因为没有很好地掌握四则运算的意义。这样，每次碰到应用题，她无法辨识问题，更谈不上分析问题和解决问题了。但是，小兰的计算技能比较强，四则计算正确率很高。为此，我注意多给她一些"正强化"，在课堂提问中尽量让她完成计算性任务，并多加表扬；遇到解应用题时，尽可能多地给她提供帮助，通过举例将问题情境图解化，为她的思考提供形象支撑；在此基础上，鼓励她"出声思考"，提高思维的完整性和流畅性。

就这样，小兰学习数学的自信心逐步增强，解答应用题的能力也随之提高。到了小学毕业时，她动情地说："我再也不怕应用题了！"小兰的案例给我了很大的启示，我开始关注学生学习数学的自信心的培养，尤其是注重发挥评价的激励作用，培养学生的自信心。

通过学习和研究，我认为评价是联系教师与学生、学生与学生的思维、情感的重要纽带，它直接影响着学生的心理活动。教师的评价对学生来说是非常重要的。学生行为的发展很大程度上依赖于教师的评价。因此教师要牢牢地把握评价"促发展"的本质，对学生数学学习的评价，既要关注学习的结果，更要关注他们在学习过程中的变化和发展；既要关注学生数学学习的水平，更要关注他们在数学实践活动中所表现出来的情感与态度。

首先，教师对学生要有信心。教师要用发展的眼光看待学生，正确地评价学生，使学生从老师的信任中获取力量。教师要热爱、尊重学生，以满腔的热情组织教学活动，选择恰当的时机激发学生的自信，给学生以发展长处的机会，丰富其情感世界，塑造其健康人格。教师对学生的信心，能使学生内心产生积极情绪，增强自己的信心，进而转化为接受教育的内在动力，显示出聪明才智。因此，教师在教学中要以爱心和对学生的信心来挖掘学生的才智，为塑造学生的自信心创设良好的心理氛围。

其次，教师要调整对学生的期望值。要改变别人，先要改变自己。教师应树立正确的学生观，对学生提出的要求应合乎其实际。有些教师对学生的成长期望值过高，一方面使学生产生焦虑，另一方面也使教师自己灰心丧气，从而使学生对自己的能力产生怀疑，形成自卑心理。教师要树立"不求人人成才，但求人人成人"的观念，根据学生所处的文化环境、家庭背景和自身思维方式的不同，提出不同的要求，使"不同的人在数学上得到不同的发展"，使每一位学生都在原有基础上取得进步，获得成功。

最后，要及时赞赏与鼓励学生。根据心理学家的观点，人们为了维护自尊，在看待自己的行为时，习惯用内部归因来解释成功。小学生也一样，他们都力图通过学习和努力来增长知识、发展能力。教师的赞赏和激励，不仅可使学生的智能结构渐趋完善，而且使他们获得自信和向上进取的力量。赞赏和激励要把握最佳时机。课前几分钟，教师的称赞与鼓励，能发挥学生自我激励的品质，为整节课的进行作好心理准备。当出现疑难问题时，教师可采用比赛方式，这样学生潜在的自信心转化为"我能行"的心理要求，动机增强，注意力集中，往往能轻轻松松地解决问题，更易取得成功。当学生出现错误或畏难情绪时，教师应给予积极的心理暗示，使其坚定信心，集中精力去攻破难关。当然，教师的赞赏与激励不能泛泛使用，否则会失去其应有的作用。

三、雄关漫道真如铁，而今迈步从头越

2005 年，我被调往西安市教育科学研究所，从事小学数学教学研究及教师培训工作。为了尽快地完成角色转换，我深入区县和学校开展调研，了解全市小学数学学科发展现状，努力创新全市小学数学教研与培训工作机制，提高工作的针对性和实效性。

（一）"麻烦"变"资源"

有一次，受陕师大教师干部教育学院委派，我到汉中市为该市小学数学骨干教师作培训。

一进培训教室，我就看到了一位与众不同的人——一名 10 岁左右的小男孩，坐在教室的第二排，正忙不迭地写着英语寒假作业。肯定是学校放假了，家里没人照管，只好跟着爸爸或者妈妈来培训现场了。记得有一次培训，一位教师带着自己三四岁的孩子参加培训，孩子不停地哭闹，带来了很大的麻烦，班主任只好把这位老师及孩子请出了教室。我不禁想，这个孩子会带来"麻烦"吗？

由于培训开始时我先安排了暖场游戏——通过互动游戏，让老师参与到培训的交流中，所以，老师们积极性很高，各自发表着自己的见解。这个孩子被老师们的发言吸引，也不写作业了，眼睛一会儿看着大屏幕，一会看着发言的老师。见此情景，我就点名让他发言，小家伙倒不怯场，说出了自己的想法——典型的学生思维，引得全场老师一阵欢笑。这不是很好的师生互动吗？

我随即调整了培训环节，出示了这样一道题：一个数比 40 大，比 50 小，这个数除以 8，商和余数正好相等，求这个数。请在场的老师和这名学生分别

完成，让老师从学生和自己解题的过程中，感受"符号意识"的价值。这个小家伙很快就做完了，我请他板书，并讲解自己的想法。他说："我想41，不行；42，还不行；就跳到了45，刚刚好。"看来这个小家伙真聪明，通过前两个数的不完全归纳——41除以8商5余1，42除以8商5余2，那符合条件的就是除以8，商5余5的那个数——45。我随即表扬了他："你不愧是数学老师的孩子。"全场老师也送给他热烈的掌声，孩子腼腆地笑着。当他回到座位上时，坐在他前排的一位女老师赞赏地摸了摸他的头，作为一位母亲的幸福感写满了面庞。

紧接着，我分析了成人解答这道题的思考过程，并通过成人思维与儿童思维的对比，引出了"小学生符号意识的发展与培养"这一主题。解题的体验，现场的生成，师生的互动，使老师们深刻而轻松地理解了相关的内容。

感谢这位小朋友，他作为鲜活的课程资源，为培训注入了生动；感谢自己的一闪念，"麻烦"变成了"资源"。

（二）联合教研的诞生

到教科所后，我通过调研，发现全市各区县共有小学数学专职教研员17人，除四个区县配备了两名数学教研员外，其余九个区县都只配备了一名教研员。由于人员紧张，各位教研员都在本区县范围内各自为战，除组织常规教研活动外，很少有外出交流、学习及培训的机会，自身的专业发展受到重重制约。为此，我提出了开展基于提高教研员课程研究力、课程指导力的"教研员联合教研"活动的设想，并得到了各区县教研员的积极响应。

通过两次联合教研的摸索，我总结提炼了联合教研的实施要素。

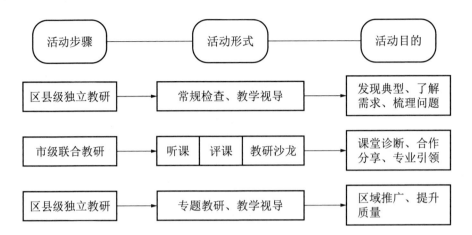

我认为，一次有效的联合教研应具有聚焦课堂、主题突出、准备充分、交流到位的特点。

聚焦课堂——指导教师不断改进课堂教学是教研员重要的工作职责。只有深入课堂听课，才能发现课堂教学存在的问题；只有深入课堂听课，才能发现优秀教师的教学方法与经验；只有深入课堂听课，才能有针对性地指导教学。为此，每次联合教研，我们都要安排十节以上的听课任务，从整体上把握所到学校数学课堂教学的情况，以便为学校领导和教师提出有针对性的建议。通过深入课堂，教研员们也能获得鲜活的教研案例，为自己的教研工作积累素材。

在听课之后的评课中，我们注重发挥执教教师的主体性，在执教教师进行深入反思的基础上，各位教研员应充分肯定教学成功之处，中肯地指出存在的问题和改进意见，切忌一次定论、一锤定音，要使执教教师有收获、有想法、有目标、有干劲。

主题突出——联合教研除了要聚焦课堂、着眼细节外，还应该围绕教研的热点、难点问题展开深入的研讨。所以，每次的联合教研都要有明确的主题，这样可以促使教研员进行深入的学习与思考。

准备充分——在联合教研进行前，要提前将研讨主题告知各位教研员，使他们能提前进行有针对性的准备，这样才能保证交流研讨的质量。

交流到位——一方面教研员与学校领导、教师的交流要充分，避免教研员"一言堂"；另一方面，各位教研员也要进行充分的沟通与交流。大家应围绕教研主题，将理论与实践有机结合，谈想法，出思路，献良策，促提升。

联合教研体现了教研方式的创新性、教研内容的针对性、教研组织的高效性。这种方式，加强了各区县小学数学教研员的交流合作，有效提升了教研员的课程研究力和指导力，对于促进全市义务教育均衡发展和质量提升具有积极意义。

"人人都能获得良好的数学教育，不同的人在数学上得到不同的发展"是义务教育阶段数学教育的基本理念。落实这一理念需要我们用智慧和热情走向有意义的数学教育之路。我将为此而不懈努力！

邱学华

江苏省特级教师，享受国务院政府特殊津贴。1935年7月生于江苏常州。16岁在农村小学当代课教师，后任教导主任，中心小学校长，1956年进华东师范大学教育系深造，毕业后留校任教。"文革"中到江苏溧阳当中学教师，"文革"后回家乡常州师范学校任教，后任校长。为了集中精力搞尝试教学研究，辞去常州师范校长职务，调市教科所当一般的教研人员。退休后一直坚持尝试教学研究与推广工作。

追寻理想的教学法

从我 16 岁开始当农村小学代课教师算起,到现在已从教 60 多年了。回首往事,历历在目。在我从教的 60 多年中,最重要的一件事是进行了尝试教学研究,前后整整搞了 50 年,可以这样说,我一生都在追寻一种理想的教学法,实现我的教育梦。我一生大都行进在尝试的路上,同尝试有着不解之缘。因尝试而思考,因尝试而智慧,因尝试而走向成功。(柳斌语)

一、苦难的童年

1935 年,我出生在江苏常州。父亲是火车站的检票员,抗日战争爆发,全家逃难,辗转到沦陷区上海,六口人蜷缩在一间三层阁楼上,靠父母在弄堂口摆烘山芋摊为生。可是一场大火,把家里所有的东西都烧光了,真是雪上加霜。父亲在四马路(现叫福州路)上一家旅馆找到做茶房(现叫清洁工)的差事,在旧社会这是最底层的工作。老板看我们可怜,让我们住在旅馆废弃不用的楼梯转弯处的平台上,仅有五六个平方,没有床,全家就睡在水泥板上。

我到了上学的年龄,眼睁睁地看着别人背着书包上学,自己不是在旅馆楼顶平台上同晒瓜子炒货的工人闲聊，就是在四马路上闲逛。所以后来我看到著名漫画家张乐平先生编绘的《三毛流浪记》特别有感触。

我经常在四马路上一所小学门口徘徊，我强烈地渴望读书。有一次我大着胆走进学校看看，看门老伯问我为什么经常在学校门口转悠，我说我想读书。好心的老伯告诉我，这里晚上有夜校，是基督教青年会几个大学生办的义务夜校，穷人读书不要钱，还会送课本。我听了喜出望外，晚上就到义务夜校读书识字。每天我特别盼望到晚上，那时是我最快乐的时候。当时读什么课本我已经忘了，但几位年轻大学生义务教穷孩子的精神深深刻印在我的心里。我就想长大了要办一所学校，穷人孩子读书不要钱。这就是我幼时的教育梦。这个梦想到新社会实现了，我不但当上了小学校长，后来又当上了培养小学教师的师范学校校长。

二、走上讲台

抗战胜利后，父亲回到常州火车站仍做检票员，全家有了安定的生活。我可以正式进学校读书了。但因为在上海只是断断续续地在义务夜校读书识字，到底进几年级读书让人犯难了。当时我10岁，按年龄算应该读四年级。父亲问我行不行，我说行，试试看再说。由于没能系统地在学校读过书，现在立即从四年级读起，难度可想而知，特别是算术缺漏太多。我渴望读书，深知读书的机会来之不易。苦难的童年使我特别懂事，特别用功。结果，我不但读下来了，而且年年得奖学金。

初中就读于常州市区的武进中学，那是一所专收男生的初中。由于学习认真，工作肯干，我年年被选为班干部，又是校篮球队队员。1950年毕业后我考入省立常州中学，这是江苏省著名的高级中学，考取大学是没有问题的。我的志向是将来当工程师、科学家。

镇压反革命运动开始，由于父亲担任过常州火车站国民党执行委员，被捕入狱。家庭失去经济来源，两位姐姐虽有工作，但收入低微，无法养活全家人。我高一才读了半年，只能辍学在家。当时还没有体会到从此背上了历史反革命家庭出身包袱的严重性。

为了养活自己，我开始找工作。由于年龄小找不到正当工作，只能到建筑队当泥瓦小工，在烈日下搬砖运土，皮都晒脱了几层，我不怕苦都挺了下来。后来，我进了城南会计训练班，只要读一年就可以当会计了。

1951年9月的一个星期天，我正在家里练习打算盘。姐姐的一位朋友在武进县郑陆桥塾村中心小学当老师，那天她跑到我家，说学校缺教师，问我姐姐是否愿意去代课。姐姐没有进过学校，只是自学有点文化，不敢去。我在一旁听了，壮大胆开口说"能不能让我去试试"。那位张老师看着我人还机灵，又是高中生，就答应了。隔天我带着简单的行李跟着她下乡去当老师，从此开始了我的教育生涯。在人生的道路上，一个偶然的机会往往能改变人的一生。

我和张老师到了学校已经是傍晚了。放下行李，张老师领着我去见校长。校长听说我才16岁，板起个脸显得很不高兴。碍于张老师的情面，同时也因急缺老师，便答应让我先代课试试。校长安排我上五年级算术课，同时兼教体育、图画课。

当天晚上，在昏暗的煤油灯下，面前摆一本教科书，一本备课笔记，我开始了生平第一次备课。想想第二天就要走上讲台，心里抑制不住地兴奋。说也奇怪，当时我并不慌张。我想了一夜，想到小孩子喜欢听故事，就从讲故事开始吧。

当我踏着上课的铃声走进教室，随着班长的一声"立正"，只见齐刷刷站起来几十个和我个头差不多高的学生，心里吓了一大跳。他们都用怀疑的眼光看着我，这时，有的学生开始交头接耳，有的学生开始骚动起来。我非常镇定，先介绍自己，然后笑着对大家说："今天是我第一次给同学们上课，作为见面礼，先讲几个故事给大家听。"教室里一下就安静下来，学生们开始用好奇的眼光看着我。故事跌宕起伏，不时引发学生的一阵阵笑声。校长对我并不放心，特地从教室门口走过，当看到学生都在安静地听我"讲课"，他满意地笑了。

转眼间60多年过去了，我上第一课的情景，至今还记忆犹新。回想起来还真有意思，我竟把算术课上成了故事课。现在从教育理论的观点来分析，是先与学生建立起感情，使学生对老师产生良好的第一印象。可当时根本不会想到这些，只是逼上梁山的"绝招"而已。

这一招可真灵，他们很快就喜欢上我的课了。上体育课，我带他们打篮球做游戏，初中读书时做校篮球队队员的经历派上了大用场。星期天，我带领学生到学校附近爬山做游戏，组织他们开展各种比赛。本来对我将信将疑的校长常对别的教师说："别看小邱同志年龄不大，拿学生倒蛮有办法的。"我勤奋好学，不怕吃苦，烧水扫地样样事情抢着干，也赢得教师同行们的称赞。

第二年，我成为正式教师，校长竟然提拔我当教导主任，这时，我才刚满17岁，在教师中年龄最小。校长叫许汉璋，他敢提拔一个17岁的孩子当中心小学的教导主任，要有多大的胆识，我一生都感激他。第四年，许校长调离学校，由我接任，成为全县最年轻的小学校长。

三、追梦缘起

20岁就当上了中心小学校长，许多人羡慕不已，可是我并没有自命不凡，而是开始酝酿新的目标。在小学摸爬滚打几年，使我深深爱上了小学教育。当时工作热情很高，可是许多问题想不明白，也解决不了。为什么教师辛辛苦苦而教学质量不高？为什么千叮万嘱，学生还会算错？为什么"差生"问题始终解决不了？……我要寻找一种理想的教学方法，使教师教得轻松，学生学得愉快，教学质量又很高。深感自己文化水平和理论水平太低，为了研究小学教育，我决定报考大学深造。

仔细算来，中小学12年，我只读了六年半，小学三年、初中三年、高中半年，考大学谈何容易。我下定决心去试一试，不试怎么知道我行不行。那时没有什么进修补习的机会，只能靠自己学。我设法借来全套高中课本，白天忙于校长工作，晚上备课批完作业后，便开始自学高中课本，在煤油灯下苦读到深夜。那时冬天特别冷，江南的农村又没有什么取暖设备，把脚趾都冻坏了。

我报考大学的目标很明确，为了研究小学教育，为了寻找理想的教学方法，在师范大学里唯有教育系是研究小学教育的。当时报考大学可以填三个志愿，这三个志愿我都填上了"教育系"。如果考不上，还是回来当小学校长，当时我还愿当中学教师。结果，我被向往已久的华东师范大学教育系录取了。考进华东师大教育系深造是我一生的转折点，使我走上了教育理论研究的道路。

开学了，我拎着旧纸箱和铺盖走进华东师范大学，立即被眼前的景色惊呆了：雄伟的教学楼群，美丽的草坪，高大的树木，静静流淌的丽娃河……我一个高中才读半年的农村小学教师，居然能走进大学殿堂。不仅不要交一分钱，每月还有工资津贴，让我对党和人民的感激之情，油然而生。

一个农村小学教师能够进大学深造，我深知学习机会来之不易，如饥似渴地拼命学习。每天早早起来读俄语，中午从不午睡，总是一吃完午饭就到教室去啃书，晚上则泡在图书馆里；星期天常常从早到晚躲进图书馆静静地看书，中午有时啃个馒头充饥。图书馆管理员被我感动了，让我享受教师的优惠：每次可借十本书带回宿舍去读。这段时间，我几乎读遍了图书馆里所有小学教育方面的藏书，读了许多世界教育名著。

从中外教育史和教育家名著中，我发现古今中外教育家的思想虽各有特点，但都有一个共同之处：相信学生，尊重学习，要让学生自己学习。这个思想成为我今后从事尝试教学研究的主导思想，也是我追寻理想的教学方法的出发点。特别是17世纪捷克教育家夸美纽斯的《大教学论》对我影响很深。这本书的扉页上有一句话："寻找并找出一种教学的方法，使教员因此可以少教，但是学生可以多学。"这句话一直在我脑海中盘旋。几百年来，中外许多教育家都在寻找这种"少教多学"的理想教学方法，这也是我的教育梦，寻找出适合新时代所需要的理想教学法。

四、追梦的准备

毕业后我留校任教,专攻小学数学教学法。一个农村小学教师当上了大学教师,激动的心情可想而知,我决定为国为民,大干一番。为了深入教改,寻找理想的教学法,我主动请求到华东师范大学附属小学搞教改实验。由于大学上课时数不多,我干脆把铺盖搬到附小的教师宿舍。一边在大学上课,一边在附小搞教改。

治病首先要找出病根,为什么"学生是课堂的主人""上课要以学生为主"已经提了几十年了,可学生还是"主"不起来,毛病到底出在哪里呢?调查研究发现,学生"主"不起来的病根出在"先讲后练"的传统教学模式上。教师讲,学生听,教师问,学生答,教师出题,学生做题,已经把学生定位在被动的位置上,学生怎能"主"起来呢!病根找到了,由此我萌发了一个大胆的想法,能否反其道而行之,把"先讲后练"改成"先练后讲"?上课先让学生做题,然后教师再讲,这是尝试教学法的雏形。初试后,发现效果很好,可是在那个年代,还无法搞系统的教育实验,后因"文革"而中断。

"文革"中,我妻子因家庭出身不好,带着两个幼小的孩子下放溧阳农村。我也因家庭出身不好又是业务尖子,被造反派当成华东师大党委"走资派"培养的修正主义苗子,走白专道路的典型而受到批判。大学不上课了,附小不能去了,在大学已无事可做,为了照顾家庭,我决定离开华东师大,主动要求调到江苏溧阳农村。我已厌倦"文革"的喧闹,还是到农村做点实际工作吧。

我到溧阳县教育局报到,局长问我:"这里没有大学,你到哪里工作?"我说:"我到中学。"到了妻子下放的茶亭公社,中学校长问我:"这里不是大学,你教什么?"我说:"我教数学。"其实,我心里明白,教中学数学我是不够格的。充其量我只有初中数学基础,而且多年不用,大部分都忘了。

我一边自学,一边教。先自学例题,看懂了再认真做练习题,而且每道题都做,亲自体会哪道题学生会有困难以及编者设计练习的意图。教初中还能对付，教高中就遇到困难了。书上的题把我难住了，我又不好意思问别的教师，大学教师连数学课本上的题目都不会做，不成了笑话。这样就逼着自己思考，查阅参考书，直到弄明白为止。

后来，我想用这种方法自己都学会了，为什么不把这种自学的方法教给学生呢？一种新教法的模式，逐渐在我头脑中形成。我开始在自己班上实验，先让学生自学课本，看懂例题，然后尝试做题，在学生先做题的过程中，发现困难在哪里，最后教师针对学生的困难，再讲解。这不是尝试教学模式的雏形吗？这种先练后讲的新教法受到学生欢迎，学生反映邱老师上课听得懂，学得会，都喜欢上我的数学课。结果，我这个不合格的中学数学教师所教班级的数学成绩居然在全县领先。

在华东师大十年，使我萌发从"先讲后练"到"先练后讲"的教学思想；在溧阳农村近十年，使我通过亲自试验，逐步形成"先练后讲，先学后教"的尝试教学模式的雏形。这就为"文革"后全面开始尝试教学实验研究作好了准备。

五、梦想的起飞

"文革"后，我回到家乡江苏常州。在常州市教师进修学院培训小学数学骨干教师。"追寻理想的教学法"这个教育梦又在我脑海中浮现。1980年，在改革开放的大好形势的鼓舞下，我决定依靠培训班的学员开展"先练后讲"新教法的教学实验。

1980年10月发生了一件使我一生难忘的事。有一天，我在办公室备课，听到走廊上羊汉院长在接电话，好像是苏州市教育局邀请我去讲学，羊院长回答说："实在对不起，邱老师马上要出国，要到日本考察访问，只能回国后再到苏州。"我以为这是羊院长为了推托故意说的笑话。他到办公室一本正经地对我说："不骗你，你真的要出国了，省教育厅直接点名，通知已经到了市教育局了。"我还是不相信，以为羊院长还在开玩笑。可是，不久，市教育局局长果真亲自找我谈话，正式通知我到省教育厅报到。

到省教育厅报到后，才知道我是参加江苏省普通教育考察团到日本爱知县考察访问。全团五人，有教育厅两位领导，还有三位教师，除我以外，一位是南通师范附小的李杏林老师，一位是南师大附中的胡佰良校长。1980年，改革开放初期，国门刚刚打开，我们非常幸运，成了第一批出国考察的教师。

那时，我心里久久不能平静，思绪万千。我是一名普通教师，全省教师有几十万，怎么会选上我？以前由于家庭出身不好，自己总觉得低人三分，入团时几次讨论都通不过，入党更没有希望。为此"文革"中受到批判，为此我妻子下放农村，为此我女儿差点进不了高中。所以我连做梦也没有想到自己能够出国。

我们是属于江苏省人民政府委派的代表团，日本方面接待规格较高。所到之处都有市长亲自接待，政府大楼门前高高飘起中国国旗，接待室、学校里都悬挂着五星红旗，每一次看到这种场面，我都热血沸腾，激动万分。我代表的是中国，我身后有伟大的祖国，爱国之情油然而生。

我们在日本见到的是现代化的城市建设，学校都有现代化设备，特别是有先进的教学方法。相比之下，我们太落后了。我越看越着急，一直问自己："我能为国家做些什么？！"这次出国访问对我触动很大，也是我人生道路上的一个转折点，扫除了由于家庭出身不好而产生的自卑感，找回了人的自信和尊严。有人说"改革开放打碎了套在知识分子身上的精神枷锁"，对于这句话，我深有体会，真有一种感到"解放"的心情。过去认真钻研业务会说你走白专道路，想著书立说会说你有成名成家的个人主义思想。现在终于可以甩开膀子大干一场，敢说敢做，想人民所想，急国家所急。很多人问我，为什么想到要搞尝试教学研究，为什么能执著坚持30多年，我想从这里可以找到答案，我决心为国为民寻找理想的教学方法。我从心底里感到邓小平的伟大，感激党的十一届三中全会以后改革开放的政策。

我从日本访问回来后，加快了"先练后讲"新教法教学实验的步伐。自己亲自到实验班上课，积累第一手资料。一年后，实验班的自觉能力和学习成绩大幅度提高。在一次"三步应用题"测试中，学生自学课本做尝试题的正确率，实验班达到88.2%，而普通班只有54%。期末考试成绩，实验班平均96.5分，而普通班只有80.6分。其他学校的实验班也取得了同样的教学效果。实验取得了成功，教学实验证明："学生能在尝试中学习。"让学生用尝试题引路的自学方式是一种比较理想的教学方法，原来的大胆设想，已成为现实。

当时有一个问题我琢磨了很久——为这一新教法取名。曾想用"五步教学法""探究教学法""先练后讲法"等，都不理想。早晨骑自行车上班，是我思考的好机会，早晨空气新鲜，心情舒畅，许多好主意都是在这时想出来的。一天早晨，我在自行车上忽然想到，取名为"尝试教学法"。"尝试"两字在中国通俗易懂，而且能够揭示这一新教法的本质特征，能够区别于其他教学法。学生先练是带有尝试性质的，可以做对，也允许做错，在这基础上教师再作针对性的讲解。我觉得用"尝试"比用"发现""探究"更切合中小学的实际情况。

我用三个多月的时间，经过反复修改写成论文《尝试教学法的实践和理论》。文中阐明尝试教学法的实质：

尝试教学的实质是让学生在尝试中学习，在尝试中成功。它改变了传统的"先讲后练""先教后学"的教学模式，不是先由教师讲解，把什么都讲清楚了，学生再做练习，而是先由教师提出问题，学生在旧知识的基础上，自学课本和互相讨论，依靠自己的努力，通过尝试练习去初步解决问题，最后教师根据学生尝试练习中的难点和教材的重点，有针对性地进行讲解。创设一定的教学条件，把学生的主体作用和教师的指导作用有机地结合起来，可使学生的尝试活动取得成功。

尝试教学法有基本操作模式，一般分为五步：第一步，出示尝试题；第二步，自学课本；第三步，尝试练习；第四步，学生讨论；第五步，教师讲解。需要指出的是，这里所提的尝试是有指导的尝试，有教师的指导、学生之间的合作交流，充分发挥教科书的作用。

这篇文章在《福建教育》（1982年第11期）杂志上发表。出乎意料的是，文章发表后，在国内引起强烈的反响，"学生能在尝试中学习"的新观点震动了大家。各地教育杂志相继转载，各地教师纷纷开展试验。各地试验都取得成功，证明"学生能在尝试中学习"的观点是正确的、有效的，全国掀起了一股尝试热。

六、梦想受挫和重生

正当我沉浸在实验初获成功的喜悦中时，意想不到的打击已经来了。1983年，在西安举行的一次全国性的小学数学教学研讨会上，一位小学数学教育界的权威人士在大会上公开指责说："不要提这个法，那个法，小学生还能自学？"大家心里明白他指的是尝试教学法。在教育杂志社编辑的座谈会上，他更露骨地指着《福建教育》杂志社编辑陈笑晴说："你们《福建教育》不要乱发表文章，要跟中央保持一致。"这顶大帽子真够厉害的。

这位权威人士的话被当成"西安会议精神"传达到全国各地，一时间尝试教学法受批判的消息不胫而走，各地实验纷纷下马，有些教育杂志也不敢发表报道尝试教学实验的文章了。在江苏情况更糟，一位参加西安会议的江苏代表，在江苏各地传达西安会议精神，宣称"小学生不能搞自学，尝试教学法是错误的"。于是，江苏大部分学校的实验都下马了。在常州，原本反对尝试教学法实验的人找到了"理论依据"，讥笑说，"邱学华想创造新教法，异想天开"，"邱学华犯错误了"……当时，我只是师范学校的一名普通教师，面对内外夹攻这么大的压力，我没有胆怯，"文革"中的大风大浪都经历过了，还怕这些？可是实验将会夭折，"学生能在尝试中学习"的教学理念将会落空，我焦急万分。当时，"文革"刚结束，极"左"思潮还存在，人们思想中还是一切要"唯上"，那位权威人士的"要跟中央保持一致"这顶大帽子谁都受不了。

这事如果发生在过去，尝试教学法可能会被一棍子打死。但是，党的十一届三中全会以后，恢复了实事求是的思想路线，重申一切从实际出发，实践是检验真理的唯一标准。在我最困难的时候，江苏省教育厅和常州市教育局给予了我支持和帮助。他们排除干扰，支持我的实验研究。1984年，我被任命为常州师范学校副校长，主持学校工作。同年底被授予"特级教师"称号，又被选为常州市人大常委会委员，并实现了我多年的夙愿——加入了中国共产党。事实证明，教育行政部门支持尝试教学实验，邱学华没有犯错误。

《福建教育》杂志社顶住压力，继续报道尝试教学法实验研究，连续发表我写的《再谈尝试教学法》《三谈尝试教学法》等。广大教育工作者并没有理会那位权威人士的指责，他们相信实验的效果，尝试教学法以其观点鲜明、操作简便、效果显著而赢得大家的信服，实验范围不断扩大。

1985年4月，由24个单位联合发起，在常州市举行全国协作区第一届尝试教学法研讨会，有来自全国各地的400多位代表参加。这是第一次举行全国性的尝试教学研究活动，受到教育媒体的关注，《中国教育报》《福建教育》《江苏教育》《湖南教育》等十几家教育报刊社都派记者到会采访报道。《中国教育报》以最快速度在头版刊登了张玉文记者采访的新闻稿，标题是《常州等地开展小学数学尝试教学法的实验——这种教学方法有利于培养学生自学能力，有利于调动学生积极性，减轻学生课后作业负担》。《中国教育报》是教育部的机关报，张玉文记者这篇报道在全国引起很大反响。再加上教育理论界人士的参与和支持，华东师大名誉校长刘佛年教授、李伯棠教授，华中师大姜乐仁教授，河南师大陈梓北教授，上海市教研室特级教师顾汝佐先生等纷纷亲自撰文从理论和实践上阐明，学生在尝试中学习不但是必要的而且是可能的。尝试教学法终于顶住了权威人士的压力，走出困境，继续向前发展。

我国著名语文教学法专家、华东师大李伯棠教授首先提出尝试教学法同样可以在语文教学中运用，浙江省绍兴市语文特级教师周一贯先生在绍兴县许多学校开展语文尝试教学法的实验并取得了成功。全国有许多学校开展把尝试教学法应用到常识、音体美等学科的实验，许多中学也自发地开展应用尝试教学法实验。尝试教学法应用范围已从小学数学学科拓展到中小学各科，成为普适性很强的通用教学法。

按理说，尝试教学研究已大功告成了，但是广大教师迫切需要更具体的操作方法，理论上必须进一步提高，光靠写几篇文章是不能解决问题的，为此，我决定写一本专著：《尝试教学法》。当时我工作十分繁忙，既要当校长，又要搞研究，还要到全国各地推广尝试教学法，只能利用休息时间写作，白天利用点滴时间思考问题打腹稿，晚上抓紧写作。对我来说已经没有周末和节假日，就这样前后用了将近一年的时间完成了这本著作，由福建教育出版社出版。

该书从理论和实践两方面回答了"学生能在尝试中学习"的命题，并建立了比较完整的理论体系，对如何在小学数学、语文、常识以及中学数学教学中运用提出了具体的操作模式。我国著名教育家、我的导师刘佛年教授和日本国立横滨大学片桐重男教授为该书题词。此书出版后大受教师欢迎，推动了尝试教学法的推广与应用，几年里再版重印数次，总印数达十多万册，这在教育理论著作中是很少见的。1989年举行全国首届教育理论著作评选，这是新中国成立以来第一次，参加评选的都是一些著名教育理论家撰写的著作，结果仅评选出49本书获优秀教育理论著作奖，出乎意料的是，《尝试教学法》一书竟获此殊荣。

1992年，举行全国第六届尝试教学学术年会时，国家教委基础教育司专门发来贺电："尝试教学法在十年来的实验中，取得了很好的效果，目前已广泛应用于小学各学科的教学中，并且实验分布在全国许多省、市、自治区，促进了我国各地教法改革的广泛开展。"

七、新梦想启航

尝试教学实验研究发展迅猛，许多县、市都在大面积推广，需要我亲临各地去指导，同时尝试教学法还需在理论上进一步提高。而师范校长行政事务繁忙，我家住在常州城区最西边，而学校在最东边，每天骑自行车上班往返要两个小时。时间矛盾越来越尖锐，或当校长，或辞去校长一职搞研究。我思量再三，又作出一个出人意料的决定：辞去校长职务，集中精力深入搞尝试教学研究。许多朋友都劝我不要轻易辞去师范校长职务，"有官不当，有权不要，是傻子"，"尝试教学法已经大功告成，见好就收吧"。我认为个人当不当官是小事，2 亿多中小学生需要新教法是大事。主意已定，我坚决向上级提出辞职请求，1988 年正式调离常州师范，又婉拒当所长的任命，到常州市教科所当一名普通研究人员。后来常州市委组织部把我当作知识分子能官能民、能上能下的典型。

辞去校长职务又婉拒了当所长的安排，在教科所做一名普通研究人员，为我换来了最宝贵的时间。在师范当校长，我搞研究只能利用业余时间，吃了苦还要被旁人说"不务正业"。调入教科所后，搞研究是我的正业，我可以正大光明地全身心地投入，心情特别轻松愉快。教育局和教科所领导非常关心照顾我，一般不布置其他任务给我，让我集中精力搞尝试教学研究。

从 1988 年到教科所，直到 1996 年退休，这段时间是尝试教学研究大发展时期。我从多方面抓紧工作，形成攻关态势。工作千头万绪，十分繁忙，真是比在师范当校长还忙，不过都是自己主动要去做的，没有任何人逼我，再苦再累心里也是欢畅的。

从上世纪 90 年代开始，我有了新的思考："为什么尝试教学法在中小学各科都呈现积极的反应？是否反映了一种教育规律在起作用？"尝试教学法是从小学数学教学中开始实验，而后发展到语文、常识等学科；又从小学发展到中学、大学；又从普教发展到幼教、特教、职教。大量的教学实践充分证明："学生能在尝试中学习"是带有普遍意义的，这凸显了一种教育规律。因此，我萌发出把尝试教学法升华到尝试教学理论的设想，提出"尝试教学理论研究与实践"的研究课题。

这项研究得到国家教委和中央教科所的支持，经全国教育科学规划领导小组审核批准，该课题列入"八五"规划全国教育科学重点研究课题。尝试教学研究从此进入了一个新的阶段，一项雄心勃勃的研究计划开始了。

构建教学理论是一项复杂的系统工程，靠个人的力量是无法完成的，必须联合各方面的力量攻关。经中国教育学会数学教育研究发展中心的批准，成立了尝试教学理论研究会，把全国各地有志于尝试教学研究的同志凝聚起来，在各地建立实验学校。我以实验基地学校为依托，组织106个子课题配合，我的研究重点也逐步转向理论层面。

经过五年的研究，我终于写成了"尝试教学理论研究与实践"研究主题报告，106个子课题也相继被写成实验报告和研究论文，汇编成近60万字的论文集《尝试·成功·发展》，由湖北人民出版社出版。

1996年10月，在湖北省十堰市举行全国协作区第八届尝试教学学术年会，同时举行对国家重点研究课题"尝试教学理论研究与实践"的专家鉴定会，全国教育科学规划办金宝成主任主持并委派以四川省社会科学院查有梁研究员为首的专家组（另有朱永新、戴汝潜、姜乐仁、翟天山等人）进行鉴定。

专家组听了来自全国各地代表的发言，又听了运用尝试教学理论上的观摩课，然后再审读课题的研究主报告。他们对研究成果给予高度评价，专家组鉴定意见中有三条主要结论是：

一是尝试教学理论，主要是在中国古代优秀的教育思想基础上，升华出的现代教学理论。

二是尝试教学理论，从实践到理论已经历了15年的实践检验。尝试教学法普适性强，已成为基础教育的重要教学方法之一，值得推广。

三是这一课题的成果，为基础教育的学科科学改革作出了卓有成效的新尝试。

国家重点研究课题"尝试教学理论研究与实践"通过专家鉴定，标志着尝试教学法已升华到尝试教学理论。这项研究成果在1999年荣获教育部颁发的全国第二届教育科学优秀成果二等奖。

按政策我可以延长到65岁退休，为了争取更多的时间和更大的空间，1996

年我按时办理了退休手续。退休后,我在尝试教学研究上开始新的征途。

"尝试教学理论研究与实践"研究课题虽已结题,但并不表示研究的结束,而是开创了一个新的起点。一种教学理论的形成和发展,必须经过长时间的反复实践,并在教学实践中不断检验,不断提高,不断完善。同时还要加强理论建设,必须有厚实的理论基础。退休了,我更知道时间的宝贵,珍惜每一分每一秒,加快尝试教学研究的步伐。

从1998年开始我着手编写"尝试教学理论丛书",一套八本,有理论建设的,有中小学各科具体应用的,有幼教、职教具体应用的。这套丛书由教育科学出版社出版,它将不断充实和完善尝试教学理论体系,并作为奠定尝试教学理论的基石,这是一项艰巨复杂的系统工程。我没有助手,只能日以继夜地工作,从编写、打印、校对到发行样样都干。几乎是每年出一本,直到2009年才全部完成。这八本书,总字数达200多万字,花费了约十年时间,没有一定的意志力是难以完成的。

这套丛书中最主要的一本是《尝论教学论》(近50万字),从理论实质特征、历史渊源、理论依据、操作模式,直到中小学各学科运用,比较完整地提出尝试教学理论的框架和实际应用。

在尝试教学理论中我提出了新的教育理念:学生能在尝试中学习,学生能在尝试中成功。

根据这一教育理念,在教学实践的基础上逐步建立了尝试教学理论体系。这一教学理论的架构为:

以"先让学生试一试"为指导思想;

以"学生能尝试、尝试能成功、成功能创新"为理论核心;

以中华教育思想的精华为理论支撑;

以"先练后讲""先学后教"为操作模式;

以全国范围3000万学生为实验基础;

以长达30年的教学实验为实践检验。

在《尝试教学论》一书中，我进一步阐明尝试教学中的许多理论问题：

（1）尝试活动的界定。人的尝试活动至少应由三个要素构成：

尝试活动的主体，指进行尝试活动的人，这是首要的条件；

尝试问题，既然尝试是一种针对性的活动，必须明确去尝试什么，解决什么问题；

探测活动，它是联系主体和问题的纽带，也就是尝试主体解决问题的过程。

（2）现实社会有各种的尝试，一般有四种：

生活中的尝试，是指学走路、骑车、做饭、穿衣服、拿筷子等，一般是属于技巧性的；

科学研究中的尝试，是指有目标的科学实验，一般是属于发现性和创造性的；

社会改革中的尝试，是指社会变改中的改革，如社会革命、经济改革、政治体制改革、医疗改革等，一般是属于试探性、实践性的；

学校教育中的尝试，是指尝试教学、尝试德育等，一般是属于学习性的。

（3）学校教育中的尝试是一种特殊的尝试活动，它既是尝试活动，又是教育教学活动。这种尝试活动具有三个特点：

通过学生的尝试活动达到学校教育中的一定目标，尝试问题非常明确；

学生是在班级授课制环境下尝试的，有教师的指导和学生之间的合作交流，它是一种有指导的尝试；

尝试形式主要是解决教师根据教育教学的目标所提出的尝试问题，任务比较明确和单一，又可发挥教科书的示范作用，能够使学生的尝试争取成功。

上述分析，说明我们所提的尝试，同美国著名心理学家桑代克在"尝试错误说"中所提的尝试是有区别的。桑代克的理论是从动物实验中的尝试引出的，这是一种盲目尝试，动物必须通过不断尝试，不断犯错，才能学会一种技能，把动物实验迁移到人的学习是不科学的。对人的学习来说，我主张"尝试成功说"，由于人的尝试学习，可以发挥旧知识的迁移作用，教师的指导作用，学生之间的互补作用以及教科书的示范作用，学生的尝试活动能够争取成功。在《尝试教学论》中专门有一章谈"尝试成功说"。

尝试教学没有固定不变的模式，根据各种不同教学情况变化的要求，在长期教学实践中已形成一套灵活多样的操作模式体系。它有三大类：

第一类：基本模式（适用于一般情况的常用模式）。

分七步进行：准备练习→出示尝试题→自学课本→尝试练习→学生讨论→教师讲解→第二次尝试练习。

第二类：灵活模式（灵活应用基本模式的变式）。

包括：增添式（增加一步、两步）；结合式（把自学课本与尝试练习结合起来、把学生讨论与教师讲解结合起来）；调换式（自学课本和尝试练习可以调换）；超前预习式（把前面三步——出示尝试题、自学课本、尝试练习放在课前预习进行）。

第三类：整合模式（把尝试教学模式同其他教学模式进行整合）。

我历来主张提倡一种教学法，并不意味着排斥另外一种教学法，它们之间不应该是对立的，而应该相互融洽，综合应用。实际上一堂课不可能只用一种教学方法，而是"一法为主，多法配合"。

尝试教学法有很大的兼容性，可以吸纳很多教育思想和教学方法，如目标教学、情境教学、合作教学、愉快教学、分层教学、结构教学、多媒体辅助教学等。因而各地学校可以产生各具特色的尝试教学模式，为课堂教学模式的创新留有巨大的空间。如洋思模式、杜郎口模式、宜兴实验中学的结构尝试教学模式、深圳松坪学校的"先学后研"尝试教学模式、河南罗山的愉快尝试教学模式等，给教师较大的选择空间，达到既有模又无模的境界。

把尝试教学模式归纳成一句简单的话，就是："请不要告诉我，让我先试一试。"

八、教育梦的实现

"先让学生试一试",不仅仅是一种教学方法,而且是一种教育理念,一种教育精神。它有强大的生命力,拓展的空间是巨大的,随着教学改革的深入,研究领域不断拓展。

1998年10月,我在湖南省张家界市举行的全国第九届尝试教学学术年会上作了"尝试教学是实施素质教育的有效途径"的主题报告,提出把推广尝试教学法同实施素质教育结合起来。

2000年10月,在山东省济南市举行的全国第十届尝试教学学术年会上,我作了"在尝试中创新"的主题报告,把尝试教学与创新教育结合起来,完整地提出"学生能尝试、尝试能成功、成功能创新"的观点。

2002年10月,在广州市举行的全国第十一届尝试教学学术年会上,我作了"尝试教学与新课改"的主题报告,把尝试教学理论同实施新课改结合起来。

2008年9月,在北京举行的全国第十四届尝试教学学术年会上,我作了"尝试教育思想的研究与实践"的主题报告,提出大尝试的构想,尝试思想不仅可以运用到课堂教学中,而且可以运用到学校管理、班主任工作、团队工作、课外活动、家庭教育中,构建尝试教育思想的理论体系。

2012年10月,在四川省宜宾市举行的全国第十六届尝试教学学术年会上,我作了"尝试教育理论研究与发展"的主题报告,进一步提出用尝试教育思想指导课堂教学,跳出智育看课堂,注重学生的全面发展,重点研究把尝试教育思想应用到德育中。

我追梦的过程,也是尝试教学研究发展的轨迹。当小学教师时,遇到为什么教师辛辛苦苦而教学质量不高的困惑,为了追寻理想的教学方法而报考大学,在华东师大大量阅读古今中外教育家的名著,树立了"相信学生、尊重学生、让学生自己学"的教育理念,打下较为扎实的理论基础。在华东师大附小搞教学实验时,萌发了"先练后讲"的想法,后在溧阳农村中学亲自试用。经过近 20 年的准备，1980 年正式开始尝试教学法的实验研究，先在小学数学教学中实验和应用，后发展到小学各科，又从小学发展到中学，应用范围逐步扩大。到 90 年代，尝试教学法在中小学各科都呈现出积极的反应，又触发了我新的思考，我把尝试教学法提升为尝试教学理论，并展开新一轮的教育实验，在全国范围内有 106 个单位点和我协作研究，1996 年通过专家鉴定，标志着尝试教学理论的建立，"尝试教学理论研究丛书"亦陆续出版。目前我又开始尝试教育理论的实验研究。这充分证明尝试教学理论是在中国的土地上产生发展起来的，具有原创性，充分说明了教育实践是教育理念的源泉。

我前面提到了 17 世纪捷克教育家夸美纽斯在《大教学论》扉页提到的一句话："寻找并找出一种教学的方法，使教员因此可以少教，但是学生可以多学。"我可以毫不夸张地说，我已经找到了这种"少教多学"的教学方法，那就是尝试自学的方法，并建立了一套理论体系，有 3000 多万学生受用，历经 30 多年的考验。我的教育梦实现了，现在我将从零开始，带着新的教育梦，继续追寻，为之奋斗。

九、梦想走向世界

中国教育理论界一向崇洋，看不起自己的东西。翻开教学论著作，全是外国的教学理论：布鲁纳的发现教学理论、布卢姆的掌握学习理论、赞柯夫的发展教学理论等等，找不到中国原创的教学理论。纵观中国近代教育理论的发展，先是学日本，后来学美国，新中国成立以后又"全盘苏化"学苏联，改革开放以后又"全面开放"，外国各种各样的教育理论、教育思潮涌进中国。我读过许多本《中国教育史》和《外国教育史》，为我国古代光辉灿烂的文明教育史深感自豪，也为近代的教育理论照搬照抄外国而羞愧。

直到现在，有些人只相信外国人，开口布鲁纳，闭口赞柯夫，总看不起自己，不敢相信自己的东西。我国是拥有十几亿人口的社会主义大国，有几千年的文明史，还有两千多年的优良教育传统和经验，难道就不能在教育理论研究上走一条创新之路，建立具有中国特色的教学理论？我是憋着这股气而发奋工作的。

50多年来，我着眼于解决中国教育实际问题，寻找理想的教学方法，通过教育实验，又通过长时间的推广应用得到验证，形成具有中国特色的尝试教学法，后又升华为尝试教学理论。

以查有梁先生为组长的专家鉴定组指出："尝试教学理论，主要是在中国古代优秀的教学思想基础上，升华出的现代教学理论。"许多专家评论说，尝试教学理论是中国人原创的，是具有知识产权的，是在中国的基础教育改革和发展中成长起来的，为构建具有中国特色的教学理论作出了贡献。

尝试教学法早已引起国外教育界的瞩目。日本新算数研究会副会长片桐重男教授，几次到中国考察尝试教学法，并在亲自为《尝试教学法》写的序言中指出："尝试教学法先让儿童进行思考和讨论，然后给予指导，它不失为一种理想的方法。"1993年日本数学教育学会邀请我赴日本讲学，一位中国留学生听完演讲后对我说："日本人看不起中国人，你的演讲长了中国人的志气。"

1992年5月4日《人民日报（海外版）》以《中国历经十年研究和实验，尝试教学法推广已获实绩》为题向海外作了报道，世界各地的华侨学校纷纷来信了解详细情况并索取资料。

德国巴州教育督导，在上海市师资培训中心工作期间专程到江苏常州的尝试教学实验学校考察，并给予高度评价。回国后，他亲自推荐尝试教学法论文在德国教育杂志《教育世界》上发表，编辑部还专门写了编者按，向德国读者推荐了这篇文章。

2011年，在深圳市南山区教育局的支持下，举办"首届尝试学习理论国际研讨会"。美国佛州大学教授、美国总统领导下的教育科学基金评审小组三人评审人员之一、国际著名智能测量专家瓦格纳先生在会场上指出：尝试学习理论具有创新性和系统性，尝试教学实验是世界最大规模的教育实验之一。来自乌克兰基辅市的苏霍姆林斯基实验学校校长瓦·哈依鲁莲娜指出:"尝试教育"实践和理论与苏霍姆林斯基教育思想是一脉相承的。尤为重要的是,邱学华先生的研究自始至终贯穿着苏霍姆林斯基坚持的"人道主义教育"思想。邱先生在教育实践中十分关注广大农村和边远地区的中小学,主张不放弃任何一个孩子,要千方百计地创造条件让每个孩子通过"尝试"而学会学习。

我的教育梦终于实现了,花了整整半个多世纪。实现中国梦,也包括一个又一个的教育梦。百年来,中国受世界列强欺凌、压迫的时代一去不复返了,中华民族伟大复兴的时代已经到了,我们在教育理论上要走一条尝试创新之路。

尾 声

回首往事,风风雨雨八十年。我一生追寻的教育梦——寻找理想的教学法,已逐步实现。发自内心地说,我是幸运的,我是快乐的。我无怨无悔,心满意足,每天都有好心情。追寻我的教育梦,还将继续。

作为一个教师,我当过小学教师、大学教师、中学教师、师范学校教师,我是幸运的。

作为一个共产党员,为国富民强尽心尽力,问心无愧,我是忠诚的。

作为一个教育理论工作者,在大家的帮助下,我构建了具有中国特色的尝试教育理论,我是成功的。

作为一个教育实践工作者,我能走遍祖国的山山水水,为教师传播先进的教育思想,为各民族的孩子上课,我是快乐的。

作为一个父亲,我有美满的家庭,和妻子风雨同舟,相濡以沫度过 50 多年,两个孩子都有出息,我是幸福的。

作为一个人,我身体健康,身上各个"零件"还没有多大毛病,看来再活 20 年没问题,哈哈,活到 100 岁!